藏書票

南越王博物院研究丛书

西汉南越国历史陈列

The history of Nanyue Kingdom of Western Han Dynasty

南越王博物院（西汉南越国史研究中心）　编著

文物出版社

图书在版编目（CIP）数据

西汉南越国历史陈列 / 南越王博物院（西汉南越国
史研究中心）编著 . —— 北京：文物出版社，2023.12
　　ISBN 978-7-5010-8295-7

　Ⅰ. ①西…　　Ⅱ. ①南…　　Ⅲ. ①南越（古族名）– 文物 –
中国 – 西汉时代 – 图集　　Ⅳ. ① K871.412

　中国国家版本馆 CIP 数据核字 (2023) 第 244236 号

西汉南越国历史陈列

编　　著	南越王博物院（西汉南越国史研究中心）
责任编辑	李睿
特邀编辑	吴珊　关子琦　刘美瑜
责任印制	张丽
装帧设计	佘艳敏
制作统筹	广州六宇文化传播有限公司
出版发行	文物出版社
地　　址	北京市东城区东直门内北小街 2 号楼
邮　　编	100007
网　　址	www.wenwu.com
邮　　箱	web@wenwu.com
印　　刷	广州市岭美文化科技有限公司
经　　销	新华书店
开　　本	889mm×1194mm　1/16
印　　张	20.5
版　　次	2023 年 12 月第 1 版
印　　次	2023 年 12 月第 1 次印刷
书　　号	ISBN 978-7-5010-8295-7
定　　价	580.00 元

南越王博物院研究丛书编委会

李民涌　　侯方韵　　魏文涛　　李灶新　　王　强　　王维一

主　编　李民涌

副主编　李灶新

执行主编　李秋晨

序　言

　　西汉南越国是岭南地区的第一个地方政权。从公元前 203 年赵佗据有岭南三郡，建立南越国，以番禺（今广州）为都城，到公元前 111 年为汉武帝所灭，在这将近一百年的时间里，南越国实现了岭南地区政治、经济、文化和海外交往等的跨越式大发展，"和集百越"的民族政策促进汉越融合，为岭南融入统一的多民族国家打下坚实的基础。

　　见诸《史记》《汉书》的南越国，在不断发现的考古材料中变得鲜活而具象。1916 年，广州东山龟岗南越国时期大型木椁墓的发现，被学界视为南越国考古学的起点。广州南越国宫署遗址和南越文王墓是迄今为止广州地区最重要的秦汉考古发现。广州西村凤凰岗木椁墓、东山猫儿岗农林上路四横路木椁墓、农林东路"人"字顶木椁墓、广西贵县（今贵港市）罗泊湾汉墓、贺州铺门金钟 1 号墓是南越国时期高等级的贵族墓葬，广东和广西地区已发表资料的南越国墓葬逾千座，秦汉时期城址十余座。这些考古成果为我们进一步了解和研究西汉南越国的历史提供了丰富的线索和材料。

　　《西汉南越国历史陈列》图录以"秦汉南疆——南越国历史专题陈列"展览内容为蓝本，从广东和广西地区秦汉考古成果中精选出三百多件珍贵文物，尝试对西汉南越国的历史作深入的解读，以期让更多的观众了解岭南发展历史乃至中华民族发展历史上这重要的一页。

目 录
Contents

前　言

公元前 221 年，"六王毕，四海一"，秦始皇统一六国，建立起中国历史上第一个中央集权的封建王朝。公元前 214 年秦统一了岭南，设置桂林郡、南海郡、象郡三郡，开启了中央王朝对岭南的首次经略。南海郡治设在番禺（今广州），这是广州建城之始。公元前 203 年，代行南海尉事的赵佗乘中原陷入战乱之机，移檄告横浦、阳山、湟溪关，绝道聚兵自守，击并桂林、象郡，据有岭南三郡，自立为南越武王，建立南越国，以番禺为都城。

西汉南越国是岭南地区建立的第一个地方政权，其疆域包括今广东、广西和越南北部的广大地区，传五世，历九十三年，公元前 111 年被汉武帝所灭。政治上，南越国很大程度上沿袭了秦在岭南实施的政治制度，由于南越国在汉初接受了汉王朝的册封，臣属中原，汉制对南越国也产生了一定的影响。经济和文化上，南越国引进中原先进的文化和技术，实行"和集百越"的民族政策，发展海上交通和贸易交流。岭南地区在南越国的治理下实现了跨越式的大发展。

《史记》《汉书》为我们记载了南越国的政治图景，南越国宫署遗址、南越文王墓、南越国木构水闸遗址以及两广地区众多南越国时期的遗址和墓葬的发现，不断丰富着我们对秦汉时期岭南地区社会生活、物质文化、精神信仰等方面的认识。通过对这些考古发掘成果的研究和诠释，我们得以真切感知那段恢宏壮阔而又遥不可及的历史。

"秦汉南疆——南越国历史专题陈列"展览旨在通过展示广东和广西地区秦汉时期（尤其是西汉南越国时期）文物和历史文化遗产，结合史籍相关记载，尝试着解读南越国历史的深厚内涵和深远影响，带领观众见证岭南地区逐步发展、并最终融入多元一体的中华文明和统一的多民族国家的历史进程！

Preface

In 221 BC, Emperor Qin Shi Huang united the six rival states and established the first centralized feudal dynasty in Chinese history as the words "The six kingdoms were over and the four seas were united". In 214 BC, Lingnan was united by Qin Dynasty, covering three commanderies including Guilin County, Nanhai County and Xiang County. It marks the first time that the central dynasty had taken control of Lingnan. The capital of Nanhai County was located in Panyu (now Guangzhou), which was the beginning of the city's construction. In 203 BC, Zhao Tuo, who was acting as a Nanhai Commandery Captain, took the opportunity that the Central Plains were in turmoil due to war. He announced official documents in Hengpu, Yangshan, and Huangxi Pass and gathered his troops there to defend the troops from the north. He attacked Guilin County and Xiang County and then conquered the three counties in Lingnan. Eventually, he proclaimed himself the Emperor Wu of Nanyue Kingdom, establishing the Nanyue Kingdom with Panyu as the capital.

Nanyue Kingdom of the Western Han Dynasty was the first local regime established in the Lingnan Region. It covers a vast area of present-day Guangdong, Guangxi, and northern Vietnam. It has been passed down for five generations, lasting for 93 years, and was destroyed by Emperor Wu of Han Dynasty in 111 BC. In politics, Nanyue Kingdom largely followed the political system implemented by Qin Dynasty in Lingnan. On the other hand, due to the fact that Nanyue Kingdom received the title of Han Dynasty in the early Han Dynasty and was subordinate to the Central Plains, the Han system had a certain impact on Nanyue Kingdom. In terms of economy and culture, during Nanyue Kingdom period, advanced cultures and technologies were imported from the Central Plains; "to harmoniously integrate with the Yue Tribes" ethnic policy was implemented; maritime transportation and trade exchanges were developed. The Lingnan Region has achieved rapid development under the governance of Nanyue Kingdom.

Shi Ji (Historical Records) and *Han Shu* (The History of the Han Dynasty) recorded the political landscape of Nanyue Kingdom. Our understanding of social life, material culture, spiritual beliefs, and other aspects of the Lingnan region during the Qin and Han dynasties is continuously enriching with the discoveries of the sites of the Nanyue Kingdom Palace, the tomb of Emperor Wen of Nanyue Kingdom, the wooden structure water gate of Nanyue Kingdom, and the discovery of numerous sites and tombs in Guangdong and Guangxi in Nanyue Kingdom period. Through the study and interpretation of these archaeological excavations, we could truly perceive the magnificent and unreachable history.

The purpose of "The Special Exhibition on the History of Nanyue Kingdom in Southern China during the Qin and Han Dynasties" is to show the cultural relics and historical heritage of the Qin and Han dynasties (especially in Nanyue Kingdom period in the Western Han Dynasty) in Guangdong and Guangxi. With the relevant historical records, it attempts to interpret the profound connotation and far-reaching influence of the history of Nanyue Kingdom. The exhibition leads the audience to witness the historical course of the gradual development of Lingnan Region and its eventual integration into the unity-in-diversity Chinese civilization and a unified multi-ethnic country!

　　五岭（大庾、骑田、都庞、萌渚、越城）以南的广大地区在历史上被称为"岭南"。先秦时期，居住在这里的先民因语言、习俗各不相同而被史书泛称为"百越"。《汉书·地理志》注引臣瓒曰："自交趾至会稽七八千里，百越杂处，各有种姓。"早在史前时期，岭南就已经与中原及周边地区发生了一定的交往和联系，并作为环南海地区的一部分参与了早期的海上交往。

The vast areas to the south of the Five Ridges (Dayu, Qitian, Dupang, Mengzhu, Yuecheng) was called Lingnan in history. In the pre-Qin period, the ancestors lived in this area are generally called the Baiyue which means hundreds of Yue ethnic groups. According to the records of Hanshu, there were seven or eight thousand miles from Jiaozhi to Kuaiji, where lived hundreds of Yue ethnic groups with different names. During the prehistoric times, the Lingnan region had not only contacts and exchanges with the Central Plains and the neighboring areas, but also participated in the earliest maritime trade as part of the South China Sea region.

根据《史记·南越列传》和《汉书·南粤传》记载，南越"西有西瓯"，"东有闽粤"，赵佗以"财物赂遗闽越、西瓯、骆"。先秦时期，活跃在岭南的越族除了以番禺为中心的南越之外，主要是西瓯和骆越。西瓯主要分布在今桂江流域和西江中游一带，骆越最主要的活动区域在左江、右江、邕江等流域。

广东重大考古发现一览表（先秦时期）（部分）

序号	名称	位置	年代	类型
1	郁南磨刀山遗址	云浮	旧石器时代早期	旷野遗址
2	南江旧石器地点群	云浮	旧石器时代早期至晚期	旷野遗址
3	曲江马坝人遗址	韶关	距今约 13 万年	洞穴遗址
4	英德青塘遗址	清远	距今 2.5 万~1 万年	洞穴遗址
5	封开黄岩洞遗址	肇庆	距今约 13 万年至新石器时代晚期	洞穴遗址
6	阳春独石仔遗址	阳江	旧—新石器过渡阶段	洞穴遗址
7	英德牛栏洞遗址	清远	旧—新石器过渡阶段	洞穴遗址
8	南澳象山遗址	汕头	距今约 8000 年	台地遗址
9	遂溪鲤鱼墩遗址	湛江	距今 8000~4600 年	贝丘遗址
10	潮安陈桥遗址	潮州	新石器时代中期	贝丘遗址
11	封开籁竹口遗址	肇庆	新石器时代中期	台地遗址
12	深圳咸头岭遗址	深圳	距今 7000~6000 年	沙丘遗址
13	增城金兰寺遗址	广州	新石器时代中期、晚期，战国至汉时期	台地遗址
14	高要蚬壳洲遗址	肇庆	新石器时代中期	贝丘遗址
15	吴川梧山岭贝丘遗址	湛江	距今 6000~5000 年	贝丘遗址
16	东莞蚝岗遗址	东莞	距今 6000~4000 年	贝丘遗址
17	深圳大梅沙遗址	深圳	新石器时代中期及两周之际	沙丘遗址
18	高明古椰遗址	佛山	距今 5800~5500 年	贝丘遗址
19	南海西樵山遗址	佛山	新石器时代至商周时期	台地遗址

序号	名称	位置	年代	类型
20	英德史佬墩遗址	清远	新石器时代中期至青铜时代	台地遗址
21	台山新村遗址	江门	新石器时代晚期、商、汉及明清	沙丘遗址
22	珠海宝镜湾遗址	珠海	新石器时代晚期至青铜时代	台地遗址
23	珠海史前、先秦沙丘遗址	珠海	新石器时代晚期至商周之际	沙丘遗址
24	曲江石峡遗址	韶关	新石器时代晚期至春秋时期	台地遗址
25	和平上正村古遗址群	河源	新石器时代晚期至战国	台地遗址
26	连平黄潭寺遗址	河源	新石器时代晚期	台地遗址
27	封开乌骚岭墓葬群	肇庆	距今 4600~3900 年	墓地
28	黄埔茶岭遗址	广州	距今 4500~4200 年	台地遗址
29	从化横岭遗址	广州	距今约 4000 年	台地遗址
30	普宁虎头埔遗址	揭阳	新石器时代晚期	台地遗址
31	龙川荷树排遗址	河源	新石器时代晚期后段及西周、春秋时期	台地遗址
32	三水银洲遗址	佛山	新石器时代晚期至商早期	贝丘遗址
33	南海鱿鱼岗遗址	佛山	新石器时代晚期至夏商之际	贝丘遗址
34	高要茅岗遗址	肇庆	新石器时代晚期或战国至秦汉时期	台地遗址
35	佛山河宕遗址	佛山	距今 4300~3500 年	贝丘遗址
36	增城浮扶岭墓地	广州	新石器时代晚期至西汉南越国时期	墓地
37	增城围岭遗址	广州	新石器时代晚期至春秋时期、东汉	台地遗址
38	珠海棠下环遗址	珠海	夏商时期	沙丘遗址
39	东源龙尾排遗址	河源	夏商时期	台地遗址
40	东莞村头遗址	东莞	商时期	台地遗址
41	深圳屋背岭遗址	深圳	商、战国至西汉早期	台地遗址
42	普宁后山遗址	揭阳	距今 3500~3000 年	台地遗址

序号	名称	位置	年代	类型
43	普宁牛伯公山遗址	揭阳	距今 3500~2900 年	台地遗址
44	南海灶岗遗址	佛山	商时期	贝丘遗址
45	和平甲子岗遗址	河源	商周时期	台地遗址
46	饶平浮滨文化遗址群	潮州	商时期	台地遗址
47	增城墨依山遗址	广州	商时期	台地遗址
48	南澳东坑仔遗址	汕头	商时期	台地遗址
49	东源大顶山墓地	河源	商中期至西周早期	墓地
50	揭东面头岭遗址	揭阳	商、战国至西汉早期	台地遗址
51	平远水口西周陶窑	梅州	西周时期	窑址
52	博罗横岭山墓地	惠州	商周之际至春秋时期	墓地
53	乐昌对面山墓葬	韶关	东周至秦汉时期	墓地
54	博罗曾屋岭遗址	惠州	春秋中晚期	墓地
55	博罗梅花墩窑址	惠州	春秋时期	窑址
56	博罗银岗遗址	惠州	西周、春秋战国至西汉时期	台地遗址
57	深圳叠石山遗址	深圳	战国中期	台地遗址
58	清远马头岗墓葬	清远	春秋时期	墓地
59	罗定背夫山墓葬	云浮	战国早期	墓葬
60	四会鸟旦山战国墓	肇庆	战国早期或略晚	墓葬
61	封开利羊墩墓葬群	肇庆	战国两汉、南朝隋唐、明清	墓地
62	博罗公庄编钟窖藏	惠州	春秋时期	窖藏
63	兴宁古树窝编钟窖藏	梅州	战国时期	窖藏

选自广东省文物局、广东省文物考古研究所编著：《溯本求源——广东重要考古发现概览》，科学出版社，2021 年版。

古代越人风俗表

风俗	说明
善舟习水	《淮南子·原道训》记载："九嶷之南，陆事寡而水事众。"古代越人居住环境多江河湖海，故熟悉水性，善于用舟。多着短袖衣服，跣足不履，便于涉水行舟
断发文身	断发即将头发剪短，文身即在脸上或身上刻刺各种花纹，并涂上颜色。据说，这样下水可以避虫蛇之害，也有祖先崇拜的含义
干栏巢居	干栏建筑是指下面用多根柱子作支撑，房子建在柱子之上，人栖其上，下养牲畜。岭南地区多雨潮湿，多瘴疠、毒草、虫蛇，干栏建筑有利于通风防潮及防毒虫蛇蚁。广东各地汉墓出土过不少干栏式的陶屋模型明器
喜食蛤贝	岭南地区近海多河湖，渔捞经济特别发达，造就了越人喜吃鱼类及蚌、蛤、螺等贝类的饮食习俗，还把蛇、禾虫、鼠类视为美食
拔牙之俗	凿齿是古代南方民族的风俗，越地青年男女会将门齿和犬齿人为地拔除，这是表示成熟或婚俗的标志
迷信鸡卜	商周时期，中原人用龟甲、牛骨来占卜，而岭南越人则用鸡骨来占卜吉凶
几何纹陶	越人使用的陶器，表面大多数压印有方格纹、曲尺纹、米字纹、水波纹等，学术界称之为几何印纹陶器。这和北方地区主要使用彩陶和黑陶等有所区别
倚重铜鼓	铜鼓是特殊的器物，它是南方民族首领权力和财富的象征，还是被人礼拜的神器，用于祭祀等

选自广州博物馆编：《广州历史陈列图册》，文物出版社，2009 年版。

南越文王墓中出土的漆木屏风，是首次发现的西汉年间的实用屏风。出土时漆木部分已朽，仅有铜构件和一些漆片保留了下来。其中，有蟠龙托座一对，朱雀托座一对，双面兽首三件。蟠龙和朱雀分别为汉代中原崇拜的四神之一，蛇和蛙是古代越人的图腾，四者的组合集于一体，体现了汉、越、楚文化的相互交流与融合。

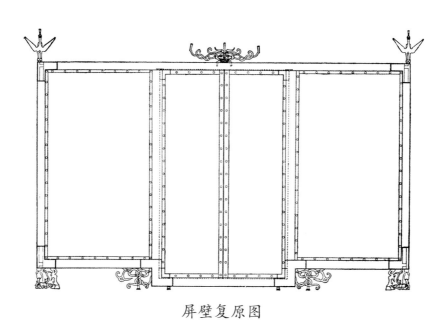

屏壁复原图

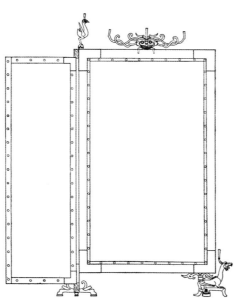

屏门与翼障复原图

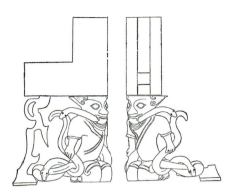

人操蛇铜托座

西汉南越国（前203—前111年）
高31.5厘米、横长15.8厘米
1983年广州南越文王墓主棺室出土
南越王博物院藏

　　漆木屏风右下角折叠构件。下半部跪坐的力士俑双目圆睁，眼珠外突，鼻短且高，口衔两头蛇。俑体矮胖，上身穿短袖长衣，下身穿露膝短裤。跣足，跪坐，两手各操一蛇，两腿也各夹一蛇，四蛇相互交缠，向左右延伸。

蟠龙铜托座

西汉南越国（前203—前111年）

高33.5厘米、长27.8厘米

1983年广州南越文王墓主棺室出土

南越王博物院藏

　　漆木屏风构件之一。原有鎏金，出土时几乎全部脱落。龙昂首曲
体盘尾，四足踩在一个由两条蛇组成的支座之上。支座为双蛇合体，
两蛇头部聚合到后部的正中，蛇身分向两边外旋，各卷缠一只青蛙。
龙四肢微下蹲，双耳后掠，一蛙蹲伏在龙口内，蛙身半露，伸出两前
肢攫住龙口的外缘。

朱雀铜顶饰

西汉南越国（前203—前111年）
高26.4厘米、双翅距24.5厘米
1983年广州南越文王墓主棺室出土
南越王博物院藏

　　漆木屏风构件之一。朱雀昂首展翅，伫立在一个方座之上，原通体鎏金，出土时仅存斑点，自颈以下及双翅遍刻鳞片状羽饰。方座四面饰有火焰形纹饰。

　　秦始皇二十六年（前221年）兼并六国后初并天下，建立起统一的中央集权制国家。为进一步完成统一大业，秦始皇二十八年（前219年）又发兵岭南，于秦始皇三十三年（前214年）平定岭南后设桂林郡、南海郡、象郡三郡，以番禺（今广州）为南海郡治，任嚣为南海郡尉，赵佗为龙川县令。岭南地区首次纳入中央王朝政治版图，这是岭南开发史中极其重要的一页。

In 221 BC, Qin Shi Huang succeeded in conquering six rival states and established a unified centralized state. Then in 219 BC, he sent an army on an expedition to subjugate the Lingnan region for a further unification, and won the final victory in 214 BC, after that three counties named Guilin,Nanhai and Xiang were set up over the region and Panyu (now Guangzhou) was made the center of Nanhai County. Ren Ao was conferred the governor of Nanhai County and Zhao Tuo of Longchuan. Since then, Lingnan region was incorporated into the political map of the Central Dynasty, which is an extremely important page of Lingnan's history of development.

秦始皇二十八年（前219年），屠睢率领五十万大军分五路进攻岭南，两路由湖南与广西交界的越城岭、九嶷山向南进攻；一路从湖南直指广东番禺；一路从江西、广东交界的大庾岭向南挺进；还有一路在江西余干集结，继而向南进军。

淮南子·人间训

乃使尉屠睢发卒五十万为五军，一军塞镡城之岭，一军守九嶷之塞，一军处番禺之都，一军守南野之界，一军结余干之水。

铜戈

秦（前 221—前 207 年）
通长 26 厘米、援长 16.3 厘米
1962 年广州区庄罗冈秦墓出土
广州博物馆藏

　　这件铭刻"十四年属邦工□戢丞□□□"的铜戈，形式、铭文体例、字体结构都与湖南长沙秦墓出土的"四年相邦吕不韦戈"和《三代吉金文存》《金文丛考》著录的"五年吕不韦戈"相同。"十四年"当为秦王政十四年，即公元前 233 年。铭文表明此铜戈是由秦中央督造，应是平定岭南的秦军武器，是秦统一岭南的重要历史物证。

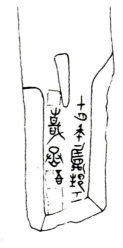

"张仪"铜戈

西汉南越国（前203—前111年）
通长22.3厘米、援长13.7厘米、
内长8.6厘米、胡长12厘米
1983年广州南越文王墓东耳室出土
南越王博物院藏

　　铜戈内上铭刻"王四年相邦【张】义"等十九字。器形与关中所出秦戈同，铭文格式亦具秦兵器特点，故应为秦国制造。"义"古通"仪"，此戈盖为秦相张仪所督造。"王四年"即秦惠文王后元四年（前321年）。此铜戈应由秦平定岭南的将士带来，是秦统一岭南的重要历史物证。

铜戈

西汉南越国（前 203—前 111 年）
通长 21.2 厘米、援长 12.7 厘米、内长 8.5 厘米、胡长 10.4 厘米
1983 年广州南越文王墓东耳室出土
南越王博物院藏

　　援部狭窄，微向上弯。内稍上翘，一穿。胡狭长，三穿，有阑。
阑末端有一扁平齿，下部有一缺口。

铜箭镞

秦（前 221—前 207 年）

长 3.4~3.6 厘米

1997 年广州南越国宫署遗址出土

南越王博物院藏

铁铤铜镞

秦（前 221—前 207 年）

长 3.6 厘米

1997 年广州南越国宫署遗址出土

南越王博物院藏

铜箭镞

西汉南越国（前 203—前 111 年）

长 2.9 厘米

1983 年广州南越文王墓主棺室出土

南越王博物院藏

　　镞体呈三棱形，关呈六棱体，中有圆銎，插入一段铁铤（因锈蚀严重，全部残断），再套入一段竹管作箭杆，铁铤上都有麻线作交叉捆缠，以防竹管滑脱。

蒜头瓶

西汉南越国（前 203—前 111 年）

高 36.7 厘米、口径 3.2 厘米、底径 11 厘米

1983 年广州南越文王墓后藏室出土

南越王博物院藏

　　小直口，细长颈，扁圆腹，喇叭形圈足，瓶口作六瓣鼓突如蒜头状。这种类型的器物是秦文化的代表器物之一，随着秦的统一战争传播至各地，是文化传播和交流的见证。

开凿灵渠

进攻岭南的西路秦军遭到西瓯越人的反击，主帅屠睢被杀。为解决秦军的粮草转运问题，秦始皇命史禄开凿了灵渠，为秦最终征服岭南创造了重要条件。

灵 渠

位于广西兴安县境内的灵渠沟通了长江水系的湘水和珠江水系的漓水，北舟逾岭，不仅解决了秦军粮草转运问题，而且对秦以后的南北交通运输、政治、经济、文化交流及民族融合等起了重要的作用。

铁矛

秦（前221—前207年）

长46厘米

1997年广州南越国宫署遗址出土

南越王博物院藏

"女市"铭陶片

秦（前221—前207年）

残长10.1厘米、残宽4.3厘米；

印面残长1.9厘米、宽1.1厘米

2009年广州南越国宫署遗址出土

南越王博物院藏

　　"女"通"汝"，为秦汉时汝阴县的简称，在今安徽省阜阳市。"市"为市府作坊的标记。此器为秦尽收楚地后由汝阴市府烧造的秦军用器，是秦统一岭南的重要物证。

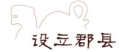

设立郡县

　　秦始皇兼并六国后，在全国范围内设立了三十六郡。秦始皇三十三年（前214年）攻取岭南后，析分原有的郡县调整为包括岭南在内的四十八郡，派遣官吏进行治理，促进了本地区社会经济的发展、汉越民族的融合以及海外交通线的开辟，翻开了岭南大规模开发的篇章。

云纹瓦当

秦（前221—前207年）

当径14.6厘米、当厚1厘米

1997年广州南越国宫署遗址出土

南越王博物院藏

　　瓦当是建筑屋顶檐口筒前端的遮挡，起到保护檐椽并美化建筑外观的作用。瓦当在中原地区最迟在西周时期已出现，秦统一岭南之后传到岭南。

云箭纹瓦当

秦（前 221—前 207 年）

当径 14 厘米、当厚 1.5 厘米

1994 年广州南越国宫署遗址出土

南越王博物院藏

　　夹细砂灰陶，残。当心双重圆周内饰一乳丁，当面用双竖线分隔成三个区间。上面半圆形区间内饰羊角形卷云纹，云纹下方两侧各饰一箭头纹。下面两区间分隔线各延伸出一卷云纹。云纹外绕两周弦纹，窄边轮，边轮高于当面纹饰。

云箭纹瓦当

秦（前221—前207年）

当径14.8厘米、当厚1.2厘米

2007年广州南越国宫署遗址出土

南越王博物院藏

秦迹所至

　　广东广州淘金坑秦墓、华侨新村秦墓，广西灌阳、兴安、平乐秦墓等墓葬的发现，与秦始皇统一岭南、"以谪徙民五十万戍五岭，与越杂处"的历史背景有关，是秦人足迹所至和文化所及，反映了秦文化在更大区域内和中原以及其他文化的融合，更是岭南文化与中原文化融合的表现。

"蕃禺"铭漆盒

秦（前221—前207年）

高21厘米、最长28.1厘米、最宽12.4厘米

1953年广州西村石头岗出土

广州博物馆藏

　　漆盒盖上烙印"蕃禺"二字。"蕃禺"即"番禺"，是秦代南海郡治，是广州最早的名称。这是秦于公元前214年统一岭南后，设置郡县的重要历史物证。

陶釜

秦（前 221—前 207 年）

高 17.8 厘米、口径 13.2 厘米、腹径 21.2 厘米

1997 年广州南越国宫署遗址出土

南越王博物院藏

　　为加强对岭南的控制，秦始皇命南下的大批秦军将士留在岭南"屯戍"，修筑通往岭南的"新道"，多次迁徙中原人到岭南，与越人杂处，共同开发岭南。此陶釜形制与安徽、湖北和湖南等战国楚地出土的陶釜一致，应是入越秦军随身携带的炊器。

青釉三足陶盒

秦（前 221—前 207 年）

高 11.7 厘米、口径 11.4 厘米、腹径 17.7 厘米

1994 年广州南越国宫署遗址出土

南越王博物院藏

陶器盖

秦（前221—前207年）

高 2.8 厘米、盖径 9.6 厘米

1997 年广州南越国宫署遗址出土

南越王博物院藏

陶盒

秦（前221—前207年）

高 5.2 厘米、口径 11 厘米、腹径 13.3 厘米

1997 年广州南越国宫署遗址出土

南越王博物院藏

任嚣

秦始皇平定岭南后，任命任嚣为南海郡尉。任嚣在今广州市区中心修筑番禺城，又称"任嚣城"，是广州建城之始。南宋方信孺《南海百咏》转引北宋初郑熊《番禺杂志》云："今城东二百步，小城也。始嚣所理，后呼东城，今为盐仓，即旧番禺县也。"宋人以为秦番禺城在宋广州东城内，但考古发掘证实其在今中山四路西段一带，即宋代广州城附近。任嚣城靠近甘溪水道，背倚越秀山，南濒珠江水，地理位置优越。

《故秦南海尉任君墓碑》拓片

民国时期广东省教育厅厅长黄麟书所撰并书的《故秦南海尉任君墓碑》至今仍保留在广东迎宾馆内。

太史公曰：尉佗之王，本由任嚣。作为首任南海郡尉的任嚣掌握军政大权，是"专制一方"的"东南一尉"。他在病危之时将南海郡尉之职托付给赵佗，对西汉南越国的建立起着重要的历史作用。根据《故秦南海尉任君墓碑》记载，任嚣可能是高乐人。高乐，秦县，今河北省南皮县。到目前为止，广州的考古发掘中出土了数件"高乐"铭款的器物。南越国宫署遗址出土了西汉南越国时期的"高乐"铭板瓦，广州旧铸管厂西汉南越国时期墓葬中出土了一件戳印有"高乐"的陶瓮，广州先烈路黄花岗1048号墓有数件漆器残件底部以朱漆书写"高乐"二字。究竟"高乐"是否与任嚣有关，还有待进一步的考古发现来证实。

"高乐"铭陶瓮

西汉南越国（前203—前111年）

高37.8厘米、口径21.2厘米、腹径37.8厘米、底径20.8厘米

2010年广州西湾路旧广州铸管厂工地10号墓出土

广州市文物考古研究院（南汉二陵博物馆）藏

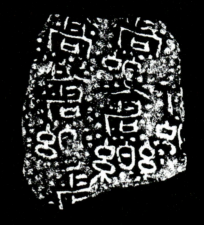

"高乐"铭板瓦

西汉南越国（前203—前111年）

残长 12.8 厘米、残宽 11.8 厘米

1997 年广州南越国宫署遗址出土

南越王博物院藏

　　秦末，为防止中原战火蔓延至岭南，代行南海尉事的赵佗聚兵自守，于公元前 203 年建立岭南地区的第一个地方政权——南越国，自立为南越武王，定都番禺（今广州）。汉高祖十一年（前 196 年），赵佗接受汉朝册封为南越王。公元前 111 年，南越国为汉武帝所灭，历五世共九十三年。在南越政权的积极经营下，岭南地区实现了跨越式的大发展，为岭南文化最终融入多元一体的中华文明奠定了坚实的基础。

In the end of Qin Dynasty, to prevent the region from being affected by the chaos, Zhao Tuo, as the commandant of Nanhai County at that time, dispatched troops for self defense and established the first local authority in Lingnan Region—Nanyue Kingdom in 203 BC. Zhao Tuo declared himself Emperor Wu of Nanyue Kingdom and made Panyu (now Guangzhou) as the capital city. In 196 BC, Liu Bang, Emperor Gaozu of Han Dynasty, conferred Zhao Tuo as Nanyue King. Handed down by five kings and existed for a total of 93 years, Nanyue Kingdom was conquered by Emperor Wu of Han Dynasty in 111 BC. The establishment of Nanyue Kingdom accelerated the development of Lingnan Region, which laid a solid foundation for the integration of Lingnan culture into the pluralistic and integrated Chinese civilization.

　　南越国的疆域包括今天的广东、广西和越南北部的广大地区。北界东段抵今福建西部的安定、平和、漳浦，与闽越相接，北以五岭为界，以"犬牙相入"之状与长沙国相接，西与夜郎、句町等国毗邻，南则抵达越南北部，南濒南海。

　　南越立国后仿效汉朝实行郡国并行制。根据《史记·秦始皇本纪》记载，秦始皇三十三年（前214年）"略取陆梁地，为桂林、象郡、南海"。赵佗延续秦定岭南后所推行的郡县制，仍设有南海郡、桂林郡，所设之郡县可考者有南海郡的番禺县、龙川县、博罗县、揭阳县、浈阳县、含洭县，桂林郡的布山县和四会县。赵佗称王后废秦象郡而置交趾、九真二郡，并令二使者典主之，即瓯骆也。根据文献记载，为了加强对地区的控制，南越国曾分封了西瓯地区的苍梧王、交趾地区的西吁王以及四主赵兴之兄高昌侯赵建德等王侯。

南越国世系表

一主	赵佗　南越武王（帝）　在位67年 汉高祖四年（前203年）至汉武帝建元四年（前137年）
二主	赵眜（胡）　佗孙　南越文王（帝）　在位16年 汉武帝建元四年（前137年）至汉武帝元狩元年（前122年）
三主	赵婴齐　眜子　南越明王　在位约10年 汉武帝元狩元年（前122年）至汉武帝元鼎四年（前113年）
四主	赵兴　赵婴齐次子　在位约1年 汉武帝元鼎四年（前113年）
五主	赵建德　赵婴齐长子　在位约2年 汉武帝元鼎五年（前112年）至汉武帝元鼎六年（前111年）

一主 赵佗

赵佗（？—前137年），祖籍真定（今河北正定），秦时与任嚣一起率军平定岭南，曾任南海郡龙川县令。公元前203年，赵佗建立南越国，后接受汉朝册封为南越王。他既是秦统一岭南的重要将领，又是西汉南越国的创立者，被誉为"开发岭南的第一功臣"。

《汉书·高帝纪》曰："南海尉它（佗）居南方长治之，甚有文理，中县人以故不耗减，粤人相攻击之俗益止，俱赖其力。今立它（佗）为南粤王。"

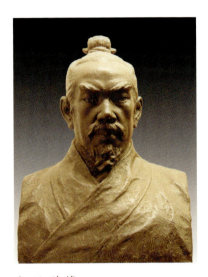

赵佗雕像

"赵佗"铜印

秦至西汉（前221—8年）

印面边长1.25厘米

上海博物馆藏

鼻纽，印体有台，印面有框无格，印面文字自左而右横向排列，为秦代和西汉早期常见私印形式。（文：孔品屏）[1]

此印是否与第一代南越王有关，有待进一步的考古发现。

———————————

[1] 本图录应上海博物馆要求，该馆藏文物均标注说明文字作者。

《汉书·南粤传》曰："陆贾，楚人也。以客从高祖定天下，名有口辩，居左右，常使诸侯。"陆贾说服赵佗归汉，对稳定汉初政治局势、加强汉越联系作出重要贡献。

汉高祖十一年（前196年），陆贾出使南越，劝服赵佗接受汉朝册封为南越王。吕后时期，因对南越国采取"别异蛮夷，隔绝器物"的政策，禁绝南越关市金铁、田器等，导致汉越交恶，赵佗"自尊号为南越武帝"。汉文帝前元元年（前179年），再次派陆贾出使南越，说服赵佗"为藩臣，奉贡职"。

"华音宫"铭器盖残片

西汉南越国（前203—前111年）
残长7厘米、残宽7厘米；印面长3厘米、宽2.8厘米
2003年广州南越国二号宫殿基址出土
南越王博物院藏

"华音宫"未见于史籍记载，应是南越国自主设置的宫殿。其宫殿名或与陆贾出使南越、修复汉越关系、为南越王赵佗带来了中原故事——"华夏之音"有关。其命名寄托了南越王赵佗对中原故土的思念之情。

"受不能圂痛廼往二日中陛下"木简

西汉南越国（前 203—前 111 年）

长 25.1 厘米、宽 2 厘米

2004 年广州南越国宫署遗址出土

南越王博物院藏

　　"陛下"是秦汉时期臣民称呼天子的专用称谓。"陛下者，陛，阶也，所由升堂也。"东汉蔡邕《独断》载："汉天子正号曰皇帝，自称曰朕，臣民称之曰陛下。"根据此简简文称南越王为陛下，与史载赵佗在陆贾第二次出使南越后依然"窃如故号名"相印证。

"王所财（赐）泰子今案齿十一岁高六尺一寸身圉毋狠伤"木简

西汉南越国（前 203—前 111 年）

长 24.8 厘米、宽 1.7 厘米

2004 年广州南越国宫署遗址出土

南越王博物院藏

　　"泰""太"互通，"泰子"即"太子"。汉代册立嗣位的皇帝之子和诸侯王之子称太子。简文开头第一字称"王"，虽无法确定是自立的"南越武王"还是汉封的"南越王"，但从文献中南越国攻略长沙国后即"自尊号曰南越武帝"的记载看，此简下限当大体不会晚于吕后七年（前181 年）南越侵盗长沙国，这是目前可大体确定时间的最早一枚南越木简。

"泰子"金印

西汉南越国（前 203—前 111 年）

印面长 2.6 厘米、宽 2.4 厘米

1983 年广州南越文王墓主棺室出土

南越王博物院藏

　　方形，龟纽。阴刻篆文"泰子"二字。印面有边栏和竖界，印文是铸后凿刻。铸作工艺比"文帝行玺"金印更为精致。印纽龟背上点线组成的鳞状纹是铸后刻出的。经电子探针分析，含金量 98% 强。

　　《史记·南越列传》中记载南越国有"太子兴"，《太平御览》卷三百四十八兵部记有南越国"太子始"。

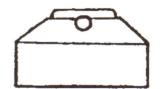

"泰子"玉印

西汉南越国（前 203—前 111 年）
印面边长 2.05 厘米
1983 年广州南越文王墓主棺室出土
南越王博物院藏

　　方形，覆斗纽，横穿一小孔。阴刻篆文"泰子"二字，与同出的
"泰子"金印的印型、印文书体风格迥异。

二主 赵眜

1983 年在广州市象岗山发现了南越国第二代王赵眜（胡）的陵墓。墓室依"前朝后寝"布局，由墓道、前室、耳室、主棺室、侧室和后藏室等部分组成，出土"文帝行玺"金印、"赵眜"玉印等重要文物 1000 多件（套）。这是岭南地区发现的墓主身份最高、规模最大、随葬品最丰富的汉代彩绘石室墓。根据史籍记载，二主文王，南越武王赵佗之孙，于汉武帝建元四年（前 137 年）即位南越王。

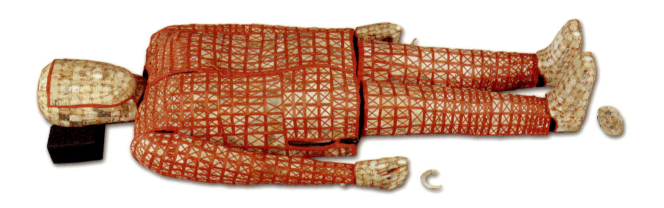

丝缕玉衣

西汉南越国（前 203—前 111 年）
全长 173 厘米
1983 年广州南越文王墓主棺室出土
南越王博物院藏

玉衣由 2291 片玉片、丝缕和麻布粘贴编缀而成。主要由头套、上身衣、袖筒、手套、裤筒和鞋套六部分组成。其中头套、手套和鞋套是用红色丝线穿缀边角钻孔、打磨光滑的玉片制成，里面以丝绢衬贴加固。玉衣的躯干部分大多利用废旧玉器或边角玉料切成小玉片，贴在麻布衬里上，再用红色丝带在表面对角粘贴。玉衣的部分玉片外观与广东曲江石峡遗址出土的玉器相似，应是南越国宫廷所特制。

"文帝行玺"金印

西汉南越国（前203—前111年）

印台长3.1厘米、宽3厘米

1983年广州南越文王墓主棺室出土

南越王博物院藏

　　方形，龙纽。印面有田字界格，阴刻小篆"文帝行玺"四字。印文是铸后加工刻凿的。印纽为一S形游龙，龙首伸向印台一角。龙鳞及爪是铸后凿刻的。经电子探针测定（印台部位），含金量98%强。

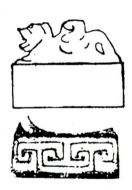

"帝印"玉印

西汉南越国（前203—前111年）

印面边长2.3厘米

1983年广州南越文王墓主棺室出土

南越王博物院藏

方形，螭虎纽，阴刻篆体"帝印"二字。印面有边栏和界格。
此印应属南越王的印章，这种直书"帝印"的器物尚属首见。

"帝印"封泥

西汉南越国（前 203—前 111 年）

印面边长 1.8 厘米

1983 年广州南越文王墓西耳室出土

南越王博物院藏

　　该室出土"帝印"封泥两枚，泥面打印篆文"帝印"二字，字体大小及写法均与"帝印"玉印有别。这表明墓主生前至少使用两枚"帝印"。封泥是缄封随葬品的信物，以"帝印"缄封，说明墓中的一部分随葬品是赵眜生前亲自缄封作死后随葬用。

"赵眜"玉印

西汉南越国（前203—前111年）

印面边长 2.3 厘米

1983 年广州南越文王墓主棺室出土

南越王博物院藏

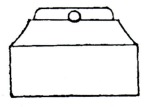

　　方形，覆斗纽，横穿一小孔，印文篆体，阴刻"赵眜"二字，印面有边栏和竖界。为墓主名章。

"昧"字封泥

西汉南越国（前203—前111年）

直径 1.1 厘米

1983 年广州南越文王墓西耳室出土

南越王博物院藏

泥团近方形，面微隆起，底部及上下沿均有木匣印痕。面上盖印四个"昧"字，印文清晰，朱文，有边框。

在该室同时出土有两件圆形的"昧"字封泥。

"文帝九年"铜句鑃

西汉南越国（前 203—前 111 年）

"第一"句鑃最大，高 64 厘米；"第八"句鑃最小，高 36.8 厘米

1983 年广州南越文王墓东耳室出土

南越王博物院藏

　　一套八件，出土时大小相套。器形基本相同。器身一面光素，另一面阴刻篆文"文帝九年乐府工造"，分两行，其下每件分别阴刻"第一"至"第八"的编码。刻铭中的"文帝九年"即公元前 129 年。该句鑃是南越国乐府工官铸造的。句鑃是古吴越乐器，盛行于春秋晚期至战国时期。

铜纽钟

西汉南越国（前 203—前 111 年）
最大纽钟高 24.2 厘米；最小纽钟高 11.4 厘米
1983 年广州南越文王墓东耳室出土
南越王博物院藏

　　一套十四件，从小到大依次排列在北墙壁下，悬挂纽钟的木横梁痕迹犹存。十四件纽钟形制相同，从左至右依大小递增。方环形纽，口部作弧形，钟体横断面呈椭圆形。经鉴定，这是南越国自铸的一套乐器。

铜甬钟

西汉南越国（前 203—前 111 年）
高 41 厘米、甬长 16.2 厘米、钲长 12.7 厘米
1983 年广州南越文王墓东耳室出土
南越王博物院藏

　　一套五件，出土时位于纽钟东侧。从小到大依次摆放于地面上。形制相同，大小不一，每件甬钟的外表都有丝绢包裹的痕迹，表明系包裹入葬。甬作圆筒形，实心，上小下大。斡作蹲兽状，位于舞的边缘，呈弯钩形。钟体横断面呈椭圆形。钲部、鼓部无纹饰。

石编磬

西汉南越国（前 203—前 111 年）

最小残长 21.5 厘米；最大长 67 厘米

1983 年广州南越文王墓东耳室出土

南越王博物院藏

　　此室出土两套石编磬，此套十件，器体稍大，由小到大摆放于地面上。呈曲尺形，两面光素，股边短而宽，鼓边长而窄。顶部有一圆孔用以悬挂。股鼓相接处上部成角状，下边呈弧线形。

墓主人组玉佩

西汉南越国（前 203—前 111 年）
1983 年广州南越文王墓主棺室出土
南越王博物院藏

　　按照饰物的形状大小、出土时的层位、彼此位置关系，并参照器物上残留的丝绢组带对墓主玉衣上的组玉佩进行了设想复原。南越文王墓共出土组玉佩十一套，其中墓主的这一套最为华丽。以双凤涡纹玉璧、龙凤涡纹玉璧、犀形玉璜、双龙蒲纹玉璜四件玉饰作为自上而下的主件，中间配以四个玉人，五粒玉珠，四粒玻璃珠，两粒煤精珠，十颗金珠，壶形玉饰、兽头形玉饰各一个，玉套环位于最末端，形成一套大小有别、轻重有序、色彩斑斓的华贵佩饰。

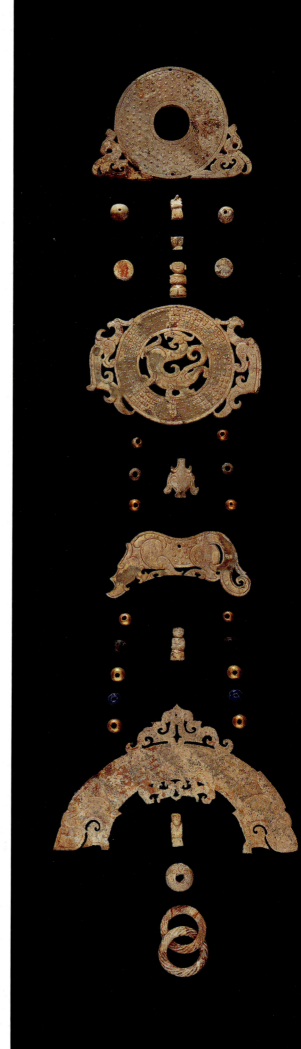

双凤涡纹玉璧

直径 6.6 厘米

　　青玉，质略软，土浸呈灰黄色。两面涡纹，下方两侧各透雕一凤如座。玉璧正中的上下方近边沿处各有一个圆形穿孔。此件居组玉佩之首，上孔可用于佩挂，下孔穿线用以串联其他佩饰。

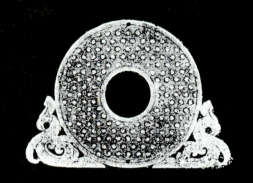

龙凤涡纹玉璧

直径 7.2 厘米、宽 10.2 厘米

　　青玉，质软。圆璧正中的圆孔内透雕一龙，外区饰成浮雕勾连涡纹。璧的两侧各透雕一凤，呈攀缘状，回首向外。

犀形玉璜

高 4 厘米、长 8.5 厘米

　　玉质坚致，呈黄白色，透雕犀形。吻上有双角，张口，塌脊如鞍状，中间钻一小圆孔，长尾下垂向上回卷，与头部成对称；前后肢蹲曲，蹄均三趾。器身中部浮雕涡纹。两侧有竖向的丝带痕迹。

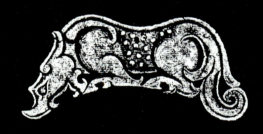

双龙蒲纹玉璜

外弦长 14.2 厘米、中宽 5.6 厘米

　　青白玉，玉质坚致。圆弧形，浅雕蒲纹，两端雕出龙头，顶部上下沿饰两组透雕云纹，顶尖如蒂形，中有一小圆穿孔。器表两面遗有绢带痕。

三主 赵婴齐

二主赵眜（胡）的太子，谥号明王。汉建元六年（前135年），汉武帝为南越国出兵征讨闽越王郢，赵眜（胡）为表示对汉朝的忠心，遣婴齐入长安宿卫，纳邯郸樛氏为其次妻。婴齐即位后，请立樛氏为王后、次子赵兴为太子，并藏其先武帝玺。

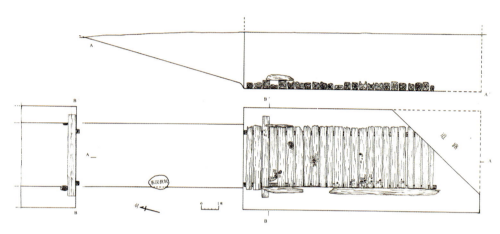

广州西村凤凰岗1号墓平、剖面图

这是一座西汉南越国时期带墓道的竖穴土坑木椁墓，墓室长13.8米，宽5.7米，规模仅次于象岗山南越文王墓。此墓虽被洗劫，但仍幸存20余件精美玉器，其质地、造型、纹饰和工艺水平都与南越文王墓出土的玉器相似。根据墓中发现的玉剑格和玉剑珌，推测墓主为男性，且墓内扰土中有东汉遗物，此墓可能是三国时孙权派兵盗掘过的南越国第三代王赵婴齐之墓。

玉舞人

西汉南越国（前203—前111年）
高7厘米、宽2.7厘米
1983年广州西村凤凰岗1号墓出土
广州市文物考古研究院（南汉二陵博物馆）藏

玉舞人由青玉制成，呈扁平状。造型为一直立舞女，头盘发髻，右上角插一发簪，左右两辫垂肩，脑后阴刻下垂纱巾。上身着宽袖衣，下身长裙曳地，裙角向右卷起，右手叉腰，左手上扬，手部残断。裙摆中部和左手腕处各有一小孔。

四主 赵兴

赵婴齐次子，是赵婴齐在长安宿卫时与邯郸樛氏所生。因生长于汉廷，得立为太子。根据《史记·南越列传》记载，赵兴继位后，汉廷派安国少季为使者往南越"谕王、王太后以入朝，比内诸侯"。

"南越中大夫"铜印

西汉（前202—8年）
印面长 2.45 厘米、宽 2.35 厘米
上海博物馆藏

为龚安庆、龚安顺旧藏。青铜材质，印体通身绿锈，鱼纽。从鱼嘴、鱼身弧度及鱼鳍各细节来看，此印鱼纽造型与广州南越文王墓所出"景巷令印"鱼纽最为接近。印面文字无界格，自左而右，自上而下排列，其中"大夫"两字合文。文字笔画有凿痕，在起收处尤为明显。"中大夫"，官名，秦置，为皇帝侍从官员，属郎中令，掌论议。汉时多以文学之士充任，掌奉使京城及诸国之事。从"南越中大夫"印章形态及印文风格来看，此印当为朝廷所颁。

按汉制，诸侯王国二千石以上，皆由中央王朝任命。《汉书·南粤传》记载"赐其丞相吕嘉银印，及内史、中尉、太傅印，余得自置"，这枚印章当是樛太后、赵兴请求内属后，汉王朝赐给南越国的官员印，也是目前发现的唯一一枚中央赐给南越国的官印。（文：孔品屏）

"景巷令印"铜印

西汉南越国（前203—前111年）

印面边长2.4厘米

1983年广州南越文王墓前室出土

南越王博物院藏

　　出自前室殉人身上。方形，鱼纽，阴刻篆文"景巷令印"四字。"景"通"永"，"景巷令"即"永巷令"。据《汉书·百官公卿表》记载，少府、詹事属官皆有永巷令，据此推测前室佩"景巷令印"的殉人当是职掌南越王室家事之宦者。

"即操其书来予景巷令有左问不邪不邪已以对"木简

西汉南越国（前203—前111年）

长24.8厘米、宽1.9厘米

2004年广州南越国宫署遗址出土

南越王博物院藏

　　《汉书·百官公卿表》记载，少府、詹事属官皆有永巷令，且皆以宫中宦者充任。从南越文王墓出土的铜印和南越国宫署遗址出土的木简来看，南越国有"景巷令"一职。

🐾 五主　赵建德

　　赵婴齐长子，是赵婴齐还未入长安宿卫时与越人妻子所生。赵建德以南越王兄封为高昌侯，汉武帝元鼎四年（前113年），武帝徙封其为术阳侯。赵兴上书汉朝请求内属，丞相吕嘉借机叛乱，诛杀赵兴、樛太后和汉使，拥立赵建德为王。元鼎五年（前112年），赵建德因有罪而国除。

《汉书·地理志》南海郡条，班固自注："秦置。秦败，尉佗王此地。"南海郡辖县六，番禺居首，为"尉佗都"。

南越国都城番禺地处珠江三角洲要冲，北靠高山，冈峦起伏，南濒大海，珠江沿城南而过；襟山带海，地理位置优越。考古发掘表明，番禺城的主体东起旧仓巷，西至吉祥路东侧，北至越华路南侧，南达惠福路，东西宽约500米，南北长约800米，面积约40万平方米。

南越国木构水闸遗址

在广州西湖路光明广场发现的这座遗址是2000多年前广州城市的防洪、排水设施，它为我们了解汉代广州城市布局和确定南越国都城南界提供了准确的坐标，同时也为研究珠江江岸线在广州城区的演变提供了重要的实证。

番禺都会

"蕃"古通"番"，"蕃禺"即"番禺"，是秦代南海郡治，西汉南越国都城所在。岭南地区曾多次出土刻有"蕃"或"蕃禺"的秦汉时期器物，证明了秦汉时期番禺城的存在，也是考察广州建城历史的重要物证。

东汉时期出土器物的铭文，大多写作"番禺"，"番"字基本省去了草字头。广州先烈路沙河顶一座东汉墓中发现印有"番禺丞"的墓砖，广州番禺村头岗1号墓出土了刻有"番禺都亭长陈涌"七字的铭文砖，皆可为佐证。

"蕃禺"汉式铜鼎

西汉南越国（前203—前111年）
通高21厘米、口径18厘米、腹径21.5厘米、足高6厘米
1983年广州南越文王墓后藏室出土
南越王博物院藏

蹄足矮胖，面有棱线。盖上隶刻"蕃禺　少内"，腹近口沿处刻"蕃禺　少内　容一斗大半"。

"蕃禺"汉式铜鼎

西汉南越国（前 203—前 111 年）

通高 20.7 厘米、口径 18 厘米、腹径 20.6 厘米、足高 6.5 厘米

1983 年广州南越文王墓后藏室出土

南越王博物院藏

　　三足较瘦，有棱，盖刻"蕃禺　少内"，腹近口沿处刻"蕃少内　一斗二升少半"。

"蕃禺"汉式铜鼎

西汉南越国（前 203—前 111 年）
通高 19 厘米、口径 16.5 厘米、腹径 23.2 厘米、足高 5.5 厘米
1983 年广州南越文王墓后藏室出土
南越王博物院藏

　　盖圆弧无纽，蹄足跟有凹槽。盖刻"蕃　一斤九两　少内"，
腹部近口沿处刻"蕃　容一斗一升"。

"蕃禺"越式铜鼎

西汉南越国（前 203—前 111 年）
通高 24 厘米、口径 18.5 厘米、腹径 16.8 厘米、足高 10 厘米
1983 年广州南越文王墓后藏室出土
南越王博物院藏

　　三扁足，外撇，底有烟炱。盘口隐约可见黑漆隶书
"蕃禺☒"字样。

"蕃"字铜匜

西汉南越国（前 203—前 111 年）
高 10.3 厘米、横宽 27.2 厘米
1983 年广州南越文王墓西侧室出土
南越王博物院藏

　　长方圆角形，有直槽形流。腹壁的左、右、后三侧各附一兽首衔环。
腹下刻铭"蕃容　二斗"。

"蕃禺"铜壶

西汉南越国（前 203—前 111 年）

高 23.5 厘米、口径 13 厘米、底径 10 厘米

1983 年广州南越文王墓后藏室出土

南越王博物院藏

　　素面，器肩上有一突棱。颈部有两个对称的长方形孔，孔内和颈上残留用以提拿的藤索痕迹。肩部刻"蕃禺　三升"，笔画带弯转，与鼎上的方正刻字稍异。

"☑□距上莫蕃翟蒿蒿蕃池□离离吾都阜"木简

西汉南越国（前203—前111年）

残长24.2厘米、宽1.7厘米

2004年广州南越国宫署遗址出土

南越王博物院藏

　　此木简上的"蕃池"与宫苑石构水池南壁上的"蕃"字石刻相互印证，证明石构水池名为"蕃池"。

南越国宫苑石构水池南壁上的"蕃"字石刻

"▨张成故公主诞舍人廿六年七月属　将常使□□□蕃禺人"木简

西汉南越国（前 203—前 111 年）
残长 22.9 厘米、宽 1.9 厘米
2004 年广州南越国宫署遗址出土
南越王博物院藏

　　湖北张家山汉简《二年律令·置吏律》记载"诸侯王女毋得称公主"，根据学者研究此"二年"或为吕后二年（前 186 年），因此以汉制论，在吕后七年（前 181 年）赵佗称帝前南越不当有"公主"。据此推断在赵佗去帝号之后南越国不仅设有公主，且公主还有舍人，舍人即家臣。"廿六年"为南越王赵佗的纪年，为汉文帝前元二年（前 178 年）。"常使"即"常侍"，为西汉官名，常常随侍在皇帝左右。本书第 103 页木简也有"常使将下死鸡居室"。"蕃禺人"指这位常使是当地越人。

南越国宫城

　　南越国宫城区位于番禺城的中北部，是都城的核心所在。其范围大概在今旧仓巷以西，吉祥路以东，中山路以北和越华路以南的这一片区域，东西长约 500 米，南北宽约 300 米，面积约 15 万平方米。公元前 111 年，汉兵攻灭南越，纵火烧城，近百年的王宫由此变为废墟。

　　从目前已发掘的南越国宫署遗迹来看，南越国宫城大体可分为宫殿区和宫苑区两大部分。宫殿区位于宫城的中部，现已发掘出 1 号宫殿和 2 号宫殿遗址，两座宫殿之间互有廊道相连。宫苑区位于宫城东部，主要由蕃池和曲流石渠组合成园林水观，这是目前发现时代最早、保存较为完好的秦汉宫室园林遗址。

汉代，宫室营造制度基本形成。长安城有"未央宫""长乐宫"等。根据南越国宫署遗址、南越文王墓和淘金坑汉墓出土的戳印"长乐宫器""长秋居室"和"未央"等宫殿名的陶器，可知南越国宫室的名称多是效仿汉代中央王朝。

"未央"铭陶罐残片

西汉南越国（前 203—前 111 年）

残长 8.8 厘米、残宽 6.2 厘米；印面长 2.2 厘米、残宽 1.9 厘米

2003 年广州南越国宫署遗址出土

南越王博物院藏

"长乐宫器"陶瓮

西汉南越国（前 203—前 111 年）

高 53 厘米、口外径 28 厘米、腹径 46.5 厘米；印面长 2.5 厘米、宽 1.6 厘米

1983 年广州南越文王墓外藏椁出土

南越王博物院藏

　　器表拍打方格纹与几何戳印，在肩部戳印"长乐宫器"四字篆文。长乐宫原是西汉著名的宫殿建筑，位于汉长安城内东南部，与西边的未央宫东西并列，故又称东宫。此"长乐宫"应是南越国仿效汉朝而命名的宫殿。瓮内所盛贮的物品已全朽无痕。根据广州汉墓以及此墓后藏室所出的陶瓮（罐）内的物品推测，应该也是用于贮存粮食及其他食品的。

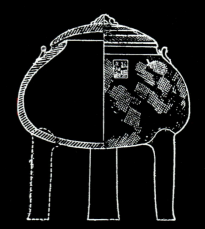

"长乐宫器"陶鼎

西汉南越国（前203—前111年）

高23.5厘米、口径10.5厘米、腹径22.8厘米；印面长2.8厘米、宽2厘米

1983年广州南越文王墓西耳室出土

南越王博物院藏

　　通体拍印方格地纹加菱形格的戳印。肩部戳有"长乐宫器"印文。此陶鼎是南方生产的硬陶。

"长秋居室"陶瓮

西汉南越国（前203—前111年）

高34.4厘米、腹径34.8厘米；印面长5.5厘米

1973年广州淘金坑16号墓出土

广州博物馆藏

　　"长秋"是汉代皇后居住的宫室名，始于汉景帝中元六年（前144年）。少府属官中有"居室""甘泉居室"。汉武帝太初元年（前104年），"居室"更名为"保宫"，故"居室"之名只是太初元年以前所用。据此推断此器年代为西汉南越国时期。

"囗八版囷给常书内高木宫四版乐复取廿六"木简

西汉南越国（前203—前111年）

长24.8厘米、宽2厘米

2004年广州南越国宫署遗址出土

南越王博物院藏

　　高木宫，未见文献记载。《说文解字》："高，崇也，向台观高之形。"《汉书·武帝纪》："行幸盩厔五柞宫"，张宴曰："有五柞树，因以为宫也。"高木宫，或即宫中有高木者，其命名方式，与汉上林苑内的五柞宫一致。

"高平甘枣一木第卌三 实囚百廿八枚"木简

西汉南越国（前203—前111年）

长25.2厘米、宽2厘米

2004年广州南越国宫署遗址出土

南越王博物院藏

　　高平，地名，战国、秦、汉均有"高平"地名。《史记》《汉书》中记有凉州高平、泽州高平、安定高平等地。根据简文含义，"高平"可能为南越国的一处地名，亦有可能是"高平宫"的简称。

"高平甘枣一木第卌三 实囚百廿八枚"木简

西汉南越国（前203—前111年）

长25.2厘米、宽2厘米

2004年广州南越国宫署遗址出土

"癸丑常使气下鸟高平　出入" 木简

西汉南越国（前 203—前 111 年）

长 24.7 厘米、宽 1.9 厘米

2004 年广州南越国宫署遗址出土

南越王博物院藏

　　此木简是出入簿籍，或即是放在宫中登记进出人员情况，与另外的出入符对应。出入籍体例是：时间＋职官＋人名＋事由＋出入。气，人名。下鸟，取鸟。高平，地名。

秦汉城址

随着郡县制在岭南地区的推行，郡县的治所驻地和五岭交通所经之要塞均设置了城邑关戍，这不仅是保障交通的重要据点，而且对拱卫岭南起着重要的作用。

① 澄海龟山汉代遗址：位于广东澄海，地处韩江两大出海口之一的东溪河西岸。根据该遗址出土的大量绳纹板瓦、筒瓦和卷云纹瓦当等建筑材料和基址分析，这里应该是一处官署遗址。

② 五华狮雄山秦汉遗址：位于广东五华县华成镇。该遗址出土了大量绳纹板瓦、筒瓦、瓦当等建筑材料和"定楬之印"封泥、"定□（楬）丞□（印）"封泥等。

"定楬之印"封泥　　"定□（楬）丞□（印）"封泥　　"蕃□□□"封泥

③ 乐昌洲仔遗址：位于广东乐昌武江泷口南岸。出土遗物有绳纹板瓦、筒瓦及带戳印的方格纹陶片。

④ 洮阳城址：位于广西全州，依山势用泥土夯筑而成。城内地面散布大量筒瓦、板瓦及饰有席纹、篮纹、方格纹和米字纹组合的陶器残片。

⑤ 建安城址：位于广西全州。在城内和城墙断面处可采集到绳纹筒瓦片、细方格纹陶片及云雷纹残瓦当等汉代遗物。

⑥ 观阳城址：位于广西灌阳，是一座依山傍水的山城。城外有护城壕。城内地面散布大量饰绳纹、印纹、米字纹、方格纹的陶片和板瓦、筒瓦、瓦当残片。

⑦ 城子山古城：位于广西兴安。城址东临湘江，城墙为黄土夯筑而成。西垣外可见一道宽约 12 米的护城壕，城址内采集到大量的绳纹瓦片。

⑧ 兴安秦城遗址（通济城）：位于广西兴安，处湘桂走廊的南端，古代岭南通往中原的要道之上。东临灵渠，西靠大溶江，历史上为保障经灵渠的南北交通动脉的畅通和维护国家的统一起过非常重要的作用。

通济城发掘场景　　　　　　　　　　　　通济城出土的筒瓦

⑨ 临贺城址：位于广西贺州，贺江江畔潇贺古道上，有三处城址。第一处位于大鸭村，被称为最早的汉城；第二处于南边山上发现；第三处是西边的河西城址，是目前发现的规模较大的城址。

⑩ 贺州铺门高寨古城：位于潇贺古道水路贺江流域中下游，扼萌渚岭走廊之咽喉，是南越国西北侧重要的军事要塞之一。高寨古城周边存在大量高等级的西汉南越国时期墓葬。

⑪ 武宣勒马秦汉城址：位于广西武宣县。根据出土遗物判断，城址始建于秦，东汉后废弃。

⑫ 贵港贵城遗址：位于广西贵县（今贵港市）。遗址年代从秦汉跨越至明清，历次发掘中发现了秦汉时期的城壕等相关遗迹。

贵港贵城遗址西部城壕内出土的西汉早期瓦片

⑬ 三江坡汉城遗址：位于广西南宁江南区。

⑭ 龙州庭城遗址：位于广西龙州东部的左江、丽江、明江三江交汇处的台地上。遗址为一处汉代小型城址，其结构布局和规制与武宣勒马秦汉城址极为相似。

龙州庭城遗址发掘场景

⑮ 合浦草鞋村遗址：位于广西合浦草鞋村。考古发掘表明，草鞋村遗址是两汉时期合浦郡郡城之所在。从遗址中发现的大量西汉早期遗存看，城址的始筑年代要明显早于汉武帝元鼎六年（前 111 年）合浦郡的设置。

合浦草鞋村遗址建筑遗迹　　　　合浦草鞋村遗址出土的西汉板瓦和筒瓦

南越国宫署遗址出土的陶质建筑材料，包括砖、瓦、瓦当、陶算等。根据砖的平面形状的不同，可分为方砖、长方砖、三角砖、带榫砖、转角砖、券砖、弧形砖和空心砖等八类。表面大都模印有菱形、四叶和方格等几何图案，底面和侧面则戳有防止烧制过程发生变形甚至爆裂的圆形或圆锥形气孔。有一类砖施青灰色釉，有细碎开片，但大多已脱落。瓦大致分为普通板瓦、带钉板瓦、折腰板瓦、普通筒瓦和带钉筒瓦。少量瓦表面施青釉，釉层薄，属于洒釉，但釉保存较好，玻璃质感强。

涂朱"万岁"瓦当

西汉南越国（前203—前111年）
当径 16 厘米、当厚 1 厘米
1995 年广州南越国宫署遗址出土
南越王博物院藏

　　夹细砂黄白陶，上半部已残。瓦当表面涂有鲜红的朱砂，大多已脱落。

连筒"万岁"瓦当

西汉南越国（前203—前111年）
当背筒瓦残长 40 厘米、当径 17.2 厘米、当厚 1.5 厘米
1995 年广州南越国宫署遗址出土
南越王博物院藏

　　灰黄胎。篆书阳文"万岁"，外绕两周弦纹，窄边轮。筒瓦面饰粗绳纹。

四叶纹瓦当

西汉南越国（前 203—前 111 年）
残长 14 厘米、残宽 6.5 厘米、当厚 1.1 厘米
1997 年广州南越国宫署遗址出土
南越王博物院藏

云箭纹瓦当

西汉南越国（前 203—前 111 年）
当径 15.8 厘米、当厚 1.5 厘米
2009 年广州南越国宫署遗址出土
南越王博物院藏

　　泥质灰白陶。当心双重圆周内饰一大乳丁，当面用双线分隔成两个区间：上面区间从外向内延伸出羊角形卷云纹，云纹下方两侧各饰一箭头。下面区间从中心向外延伸出羊角形卷云纹，云纹上方两侧各饰一弯月形纹。当面外绕两周弦纹，窄边轮，边轮高于当面纹饰。

熊饰踏跺空心砖

西汉南越国（前203—前111年）

长74.5厘米、宽29厘米、高26厘米

2006年广州南越国宫署遗址出土

南越王博物院藏

　　长方形空心砖，残。砖的端面模印一熊，突出熊首及四爪。

熊饰踏跺空心砖残件

西汉南越国（前203—前111年）

残长21厘米、残宽19厘米、厚4.8厘米

1997年广州南越国宫署遗址出土

南越王博物院藏

"万岁"带钉筒瓦

西汉南越国（前203—前111年）

当背筒瓦残长24.5厘米、当径16.4厘米

2006年广州南越国宫署遗址出土

南越王博物院藏

　　早期瓦当的制作是先用泥条盘筑法制成圆筒形瓦筒与模制好的瓦当粘接，再用刀片或绳弓等工具切下瓦筒的一半，用这种方法制成的筒瓦和瓦当背面均留下明显的切割痕迹。图中为未切割完成的瓦当，是了解南越国瓦当制作工艺难得的实物标本。

带钉筒瓦

西汉南越国（前203—前111年）

长47厘米、筒径16.5~16.8厘米、舌长3厘米、壁厚1~1.5厘米、钉长2.5厘米

2003年广州南越国宫署遗址出土

南越王博物院藏

　　普通筒瓦的表面粘接有钉（刺）的一种特殊筒瓦。从一些钉脱落后可看到绳纹这一现象可知，这些钉均是在装饰好纹饰后再粘接上去的。

带榫长条砖

西汉南越国（前 203—前 111 年）

长 68.4 厘米、宽 20.5~21 厘米、榫长 6.3 厘米

2006 年广州南越国宫署遗址出土

南越王博物院藏

两端有相错的凸榫，用于宫殿散水外侧拦边。

折腰板瓦

西汉南越国（前 203—前 111 年）

复原后长 46 厘米、宽 36.4~39.4 厘米

1997 年广州南越国宫署遗址出土

南越王博物院藏

红黄胎。腰部凹折，两端翘起如鞍形。一面饰粗绳纹，一面光素。这种瓦通常安在屋顶前后两坡瓦面屋脊的交会点，覆盖在两坡瓦垄交会线上，防止雨水渗漏。

印花方砖

西汉南越国（前203—前111年）

长34.5厘米、宽34厘米、厚4厘米

1997年广州南越国宫署遗址出土

南越王博物院藏

斜角印花砖

西汉南越国（前203—前111年）

长斜边残长45厘米、残宽23厘米、厚10.5厘米

1997年广州南越国宫署遗址出土

南越王博物院藏

残。灰白胎，质坚硬。砖的表面模印四叶、菱格纹，边沿模印复线菱格纹。侧面戳有圆锥形孔。

印花方砖

西汉南越国（前203—前111年）

边长67厘米、厚12.5厘米

1994年广州南越国宫署遗址出土

南越王博物院藏

黄白胎，质硬。砖面中心模印四叶、菱形纹，四周边沿印复线菱形纹。

同制京师

"夸州兼郡，连城数十，宫室百官，同制京师。"

——《汉书·诸侯王表序》

南越国由秦将赵佗在秦时设立的岭南三郡基础上建立。赵佗一方面接受汉王朝的册封，臣属于中央王朝，另一方面在国内依然"称制与中国侔"，具有一定的独立性。因此南越国的政治、经济、文化在很大程度上"同制京师"，效仿秦汉之制，并保留一定的地域特色。

政治

南越国政治制度大体承袭秦汉，设立郡县的同时分封诸侯王，实行郡国并行制。赵佗建立南越国后，延续秦时的郡县制设立南海、桂林二郡。赵佗灭安阳王，在骆越地区设置交趾、九真二郡。南越国沿用汉制在岭南分封诸侯王。郡县制和分封制并行的制度对于社会安定、经济发展起了不可忽视的积极作用。

"□还我等毄（系）盈巳毄（系）乃归南海□□"木简

西汉南越国（前203—前111年）
残长24.7厘米、宽1.9厘米
2004年广州南越国宫署遗址出土
南越王博物院藏

南海，郡名，秦置。"秦败，尉佗王此地。"前一"毄"字指拘捕、囚禁，后一"毄"字为处置之意。"盈"乃人名，与同出的"军时得入朝盈及时就酒食盈"木简中的"盈"可能为同一人。简文大意是：我等将盈拘捕起来，已作了处置，现已返回南海。

鎏金铜奁

西汉南越国（前 203—前 111 年）
高 15 厘米、底径 11 厘米
2004 年广西贺州铺门白屋岭汉墓出土
广西贺州市博物馆藏

　　与"赵胜信印"龟纽铜印同墓所出。奁由盖、身、足三部分组成，遍体鎏金，但金粉剥落严重。盖为弧隆形，盖面纹饰分三区，内区有四如意云头环绕一组；中区素面；外区有三凤形耳。奁身直口直身，在胸部和下腹部有凸弦纹五道，平底。奁足为兽足。

从文献记载及考古发现看，广西贵县（今贵港市）是秦和西汉南越国时期桂林郡治以及其后的汉郁林郡治所在。据《史记》和《汉书》记载，汉武帝平南越时，"粤桂林监居翁"谕告瓯骆降汉。郡设监郡御史，"居翁"为桂林监，可佐证南越国时设桂林郡。罗泊湾汉墓（1号墓和2号墓）是广西贵县（今贵港市）汉墓群中西汉南越国时期的高等级墓葬。墓主可能是南越国相当于诸侯王或者郡守一级的官吏及其配偶。2号墓中出土戳印"秦后"的陶盆，说明当地贵族与苍梧秦王有密切的关系。随葬器物中除大量源于中原地区的汉式器物外，也有少量诸如铜鼓、羊角纽钟等极具地方特色的器物，展示了西汉南越国时期贵港雄踞浔郁、地控瓯骆的政治格局。

"夫人"玉印

西汉南越国（前203—前111年）
印面边长2厘米
1979年广西贵县（今贵港市）罗泊湾2号墓出土
广西壮族自治区博物馆藏

黄色玉质，方形覆斗状，桥形纽。印面篆刻"夫人"二字。根据《汉书·外戚传》《汉书·文帝纪》记载，以汉代制度，只有丈夫享有相当高的政治地位，妻子方能称作"夫人"。因此，罗泊湾2号墓随葬"夫人"玉印，其印主生前应是一高级贵族。（拍摄者：张磊）[1]

———————————

① 本图录应广西壮族自治区博物馆要求，该馆藏文物均标注拍摄者名字。

"秦后"陶盆

西汉南越国（前 203—前 111 年）

高 26.2 厘米、口径 66 厘米、底径 40 厘米

1979 年广西贵县（今贵港市）罗泊湾 2 号墓出土

广西壮族自治区博物馆藏

　　泥质灰陶，坚硬。广口，唇向外折，体大腹深。上部略直，下部斜折内收。腹部靠上有两周绳索状附加堆纹，靠下有细密方格纹和几何形戳印。有小篆印记。（拍摄者：张磊）

"家啬夫印"封泥

西汉南越国（前 203—前 111 年）

印面边长 2.5 厘米

1979 年广西贵县（今贵港市）罗泊湾 2 号墓出土

广西壮族自治区博物馆藏

　　带木匣，正方形，有边框，以十字把印面分为四格。印面小篆阳文"家啬夫印"四字。（拍摄者：张磊）

"布、析、蕃"铭铜鼎

西汉南越国（前203—前111年）
高20厘米、口径18厘米
1976年广西贵县（今贵港市）罗泊湾1号墓出土
广西壮族自治区博物馆藏

　　汉式鼎。盖作半球形，上有三环纽，长方形附耳，圆腹，圜底。腹外壁有凸棱一周，膝部有一对镶嵌眼，原嵌饰物已失，下腹部有三个马蹄形足。盖面一侧刻"析"，另一侧刻"布"；腹外壁口沿至凸棱间一侧刻"蕃二斗二升""析二斗大半升"，另一侧刻"一斗九升"；腹下部刻"布"字。

　　"布"乃"布山"，即今广西贵港，系桂林郡治。"析"即"析县"，在今河南西峡。"蕃"即"蕃禺"。由器铭可知，此鼎曾在楚地析县使用，后来传入南越的番禺和布山。贵港是史书记载的西瓯的中心，这件铜鼎应是《史记》所说赵佗称帝时"赂遗"西瓯的物品。（拍摄者：张磊）

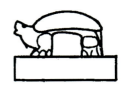

"泰夫人印"鎏金铜印

西汉南越国（前203—前111年）

印面边长2.5厘米

1983年广州南越文王墓东侧室出土

南越王博物院藏

　　形制与"左夫人印"相同。阴刻篆文"泰夫人印"四字。

"□夫人印"鎏金铜印

西汉南越国（前203—前111年）

印面边长2.5厘米

1983年广州南越文王墓东侧室出土

南越王博物院藏

　　形制与"左夫人印"相同。阴刻篆文"□夫人印"四字。第一字已残，左旁似"邑"字，右旁似"音"字，应为"部"字。

从《史记》《汉书》等文献和丰富的考古发掘材料可知，南越国与当时的诸侯王国一样，"宫室百官，同制京师"，在国中设郡县，置监、守、封侯、王，建立起了一套由中央和地方组成的庞大官制系统，与汉初中央王朝保持基本一致，又具有一定的地域特色。

"常御一斗"铭陶罐残片

西汉南越国（前 203—前 111 年）

残高 9.7 厘米、残宽 8.5 厘米；印面长 2.1 厘米、残宽 1.9 厘米

1997 年广州南越国宫署遗址出土

南越王博物院藏

"常御"即"尚御"，应是汉少府属官尚方和御府的合称，是掌管王室服饰、车驾、玩好的机构。一斗为该陶器的容量。

广州西汉前期墓葬中也有出土戳印"常御""常御第廿""常御第十三""常御三斗"等陶文的四耳瓮、双耳罐、壶等。

"常御一石"铭陶罐残片

西汉南越国（前203—前111年）

残高11厘米、残宽9.5厘米；印面长2厘米、宽2.1厘米

1997年广州南越国宫署遗址出土

南越王博物院藏

"常御""第六"双耳陶罐

西汉南越国（前203—前111年）

高7.8厘米、口径5.9厘米、底径5.8厘米

1973年广州淘金坑1号墓出土

广州博物馆藏

　　灰白胎，质坚，有黄褐色釉。形如扁罐，盖平圆，边沿处有两个半筒形纽，与肩部两耳相对。盖面有"常御""第六"印文，器腹亦有相同的两个印文。出土时，盖面"常御"印文与器腹"第六"印文相对，器腹的"常御"与盖面的"第六"相对。

"泰官"封泥

西汉南越国（前 203—前 111 年）

印面边长 2.2 厘米

1983 年广州南越文王墓后藏室出土

南越王博物院藏

    墓中共出土"泰官"封泥十五枚。大小书体皆同，阴刻篆书，印面有竖界，有边框。"泰官"即"太官""大官"，其职责是掌管南越王的饮食。挂有"泰官"封泥匣标签的器物，应是南越国泰官令署检核缄封，然后放入墓中随葬的。

"丙午左北郎豕等下死靈泰官　出入"木简

西汉南越国（前203—前111年）

长24.9厘米、宽2.1厘米

2004年广州南越国宫署遗址出土

南越王博物院藏

　　泰官，文献中多作"太官"，玺印封泥铭文等或作"大官"。太官，主膳食。专家根据考古发掘材料分析指出，秦封泥以"泰官"为绝大多数，而汉代则多为"大官"。西汉南越国时期的封泥、木简作"泰官"，反映了秦代制度在远离中原王朝的地方仍在发挥着重要作用。

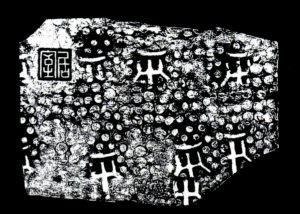

"居室""任"铭板瓦

西汉南越国（前 203—前 111 年）

残长 16.1 厘米、残宽 22.6 厘米；印面边长 2.8 厘米

1997 年广州南越国宫署遗址出土

南越王博物院藏

　　不同于广州西汉前期墓葬中发现"居室"陶文戳印于陶瓮和陶罐之上，南越国宫署遗址发现的"居室"陶文均戳印在板瓦或筒瓦上。"居室"是少府属官，负责南越国宫廷砖瓦烧造的官署机构。

"居室"铭板瓦

西汉南越国（前 203—前 111 年）

残长 18 厘米、残宽 13 厘米；印面边长 2.9 厘米

1997 年广州南越国宫署遗址出土

南越王博物院藏

"使谨揄居室食畜笞地五十" 木简

西汉南越国（前203—前111年）

长 24.9 厘米、宽 1.8 厘米

2004 年广州南越国宫署遗址出土

南越王博物院藏

　　存字一行，墨迹较淡，字迹漫漶。此木简为笞簿，与"笞刑"有关。笞，为用竹木板责打背部。

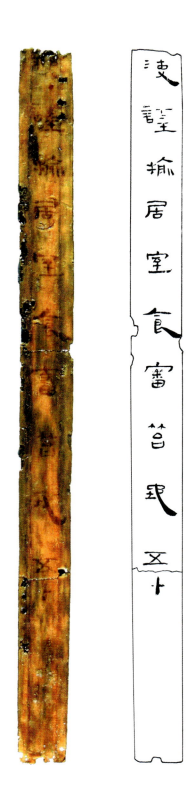

"戌戌常使将下死鸡居室 出入"木简

西汉南越国（前203—前111年）

长25厘米、宽1.8厘米

2004年广州南越国宫署遗址出土

南越王博物院藏

　　存字一行，墨色较淡，字迹依稀可辨。"将"，人名。"下"，有取出、去除之意。此木简与本书第75页、第99页的木简同属于出入籍。

"戌戌常使将下死鸡居室 出入"木简

"愿食官脯侍以夜食时往愿脯其时名已先"木简

西汉南越国（前203—前111年）

长24.8厘米、宽2.1厘米

2004年广州南越国宫署遗址出土

南越王博物院藏

　　据《汉书·百官公卿表》，叙太常所管诸庙寝园有食官长丞。詹事属官，亦有食官长丞。

　　此木简上的"食官"虽不能确定其属詹事，但从木简出于宫中的情况看，其属詹事的可能性较大。此简的发现表明西汉南越国早期偏晚期阶段已设食官。

"厨丞之印"封泥

西汉南越国（前 203—前 111 年）

印面边长 2.2 厘米

1983 年广州南越文王墓西侧室出土

南越王博物院藏

　　小篆阳文，有田字格。据《汉书·百官公卿表》，詹事属下有厨，厨有长丞，厨丞当是掌管皇后、太子家饮食之事的长官。"厨丞之印"封泥的出土，说明南越国设有厨官署，置厨丞，而墓中西侧室的随葬器物应为厨丞检验缄封的。

"☒☐为御府丞驒妻诞即使大"木简

西汉南越国（前203—前111年）

残长22.2厘米、宽1.6厘米

2004年广州南越国宫署遗址出土

南越王博物院藏

　　秦汉文献屡见"御府"。岳麓秦简《亡律》中有"御府"的记载。汉代御府为少府所属。颜师古注"御府主天子衣服是也"。从秦代封泥所录的大量御府类职官来看，其职能可能超过了文献所载。此木简证明南越国亦设有御府。

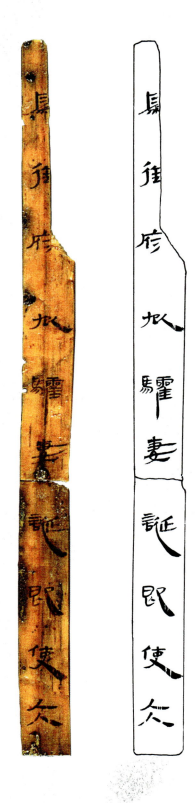

"鄱乡候印"封泥

西汉南越国（前 203—前 111 年）

印面边长 2.1 厘米

1983 年广州南越文王墓后藏室出土

南越王博物院藏

　　"鄱乡候"，史籍未见记载，"鄱乡"当为地名。西汉初中期王国皆得自分割各县，自置郡名。根据汉印有"胶西候印""菑川候印""苍梧候印"和封泥有"豫章候印""临菑候印"等，推定郡守属官有候，皆汉表所失载。"鄱乡"应是南越国自置郡名，候乃鄱乡郡守之属官。

"殿中"封泥

西汉南越国（前 203—前 111 年）

印面边长 2.2 厘米

2004 年广州南越国宫署遗址出土

南越王博物院藏

　　"殿中"或与宫廷议事议政的管理机构有关。

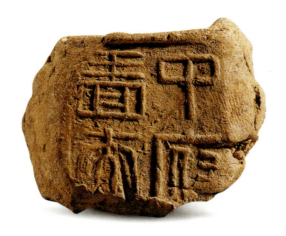

"中府啬夫"封泥

西汉南越国（前 203—前 111 年）

印面残长 2.2 厘米、残宽 2.3 厘米

1997 年广州南越国宫署遗址出土

南越王博物院藏

　　这枚封泥出土时与一批"半两"铜钱共存，铜钱大多已被火烧结成块。"中府"，即中藏府，是执掌天子或诸侯财货的机构。"啬夫"，古代官吏。这批铜钱原是由中府的啬夫缄封在府的，汉兵"纵火烧城"时，从中府散落出来。

　　从这批铜钱埋藏情况和伴出的该枚封泥来看，正是南越国承袭秦有关货币管理制度的重要实例。

"中共厨"铭陶器盖残片

西汉南越国（前 203—前 111 年）

复原后口径 30.2 厘米、高 9 厘米；印面边长 2.3 厘米

2004 年广州南越国宫署遗址出土

南越王博物院藏

　　"中共厨"为"中府供厨"的省称，是南越国负责王室宗庙祭祀用品的机构。

"左官卒窑""左吕"铭板瓦

西汉南越国（前 203—前 111 年）

残长 11.9 厘米、残宽 12.3 厘米；印面长 2.5 厘米、宽 2.3 厘米

1997 年广州南越国宫署遗址出土

南越王博物院藏

　　板瓦里面拍印满"左吕"二字，当中戳印"左官卒窑"四字。"左官"是负责烧造南越国宫廷用砖瓦的宫署机构，"卒"是供驱使服更役的更卒，"窑"是陶工人名。

"右官"铭板瓦

西汉南越国（前 203—前 111 年）

残长 8.7 厘米、残宽 14.4 厘米；印面长 3.1 厘米、宽 2.7 厘米

1997 年广州南越国宫署遗址出土

南越王博物院藏

　　从广州南越国宫署遗址出土的砖瓦铭文可以得知，这些建筑构件均为官府作坊制作，文字内容包括负责制陶的官署机构、陶工身份和陶工人名等，比如人名前加"左官""左""右官"或"官"字。南越国的左右官有可能是独立于工官之外的官署机构，主要负责生产南越国宫廷建筑用材。

军事

《史记》记载："秦乃使尉佗将卒以戍越。"秦始皇平定岭南的五十万大军，大部分在完成统一战争之后留下来戍守岭南。《汉书·南粤传》记载，赵佗自恃"身定百邑之地，东西南北数千万里，带甲百万有余"。虽然有夸大之嫌，但南越国的军事实力可见一斑。南越国时期的墓葬中出土的武器以铜制为多，主要是剑和矛，其次是戈和钺，弓矢和弩矢也普遍使用。最常见的铁兵器是剑和矛，其次是戟。铁兵器多见于南越文王墓和这一时期的高级官吏墓中。南越国除了大量制造具有地方特色的青铜短剑、青铜矛以外，还大量输入或仿制中原形式的铜剑、铁剑、铁矛以及弩机和铁铤铜镞。

《史记》关于赵佗戍越的记载

两翼式铜镞

西汉南越国（前203—前111年）

长 11.2 厘米

1995 年广州南越国宫署遗址出土

南越王博物院藏

鎏金铜弩机

西汉南越国（前203—前111年）

郭长14.5厘米、后宽2.8厘米、高2.8厘米；悬刀长10.4厘米

1983年广州南越文王墓主棺室出土

南越王博物院藏

郭面和望山、牙与悬刀的外露部分均鎏金。

铁矛

西汉南越国（前203—前111年）

长24.4厘米

1995年广州南越国宫署遗址出土

南越王博物院藏

错金银铁矛（筒部）、错金银铜镦

西汉南越国（前 203—前 111 年）

矛长 27.3 厘米、筒径 2.6 厘米；镦长 14.1 厘米、径 2.6 厘米

1983 年广州南越文王墓主棺室出土

南越王博物院藏

矛头铁质，有铜鞘套合，两者锈蚀在一起。铜鞘上小下大，末端开叉，呈偃月形。鞘筒表面鎏金，正背面均有错金银的套叠式三角形图案，两侧错金银流云纹。铜镦呈圆筒形，满布错金银流云纹图案。

铜剑

西汉南越国（前 203—前 111 年）

通长 49.3 厘米、茎长 8.5 厘米、首径 5 厘米

1983 年广州南越文王墓西耳室出土

南越王博物院藏

　　为常见的战国楚式剑。剑茎为圆筒形，中空不透首，中脊凸起。带木匣，已残。

玉具剑

西汉南越国（前 203—前 111 年）

最长 146 厘米

1983 年广州南越文王墓主棺室出土

南越王博物院藏

　　在主棺室共发现十五把铁剑，其中墓主身体两侧发现十把，左右各五把。这十把铁剑中有五把镶嵌玉剑饰，属于玉具剑。另外有四把放在墓主棺椁外靠西墙处，与矛、戟等兵器在一起，另一把置棺椁头端。这批铁剑随葬时都用丝绢裹缠，锈蚀严重，剑身与剑鞘锈蚀在一起，无法分离。

货币与经济

　　秦始皇统一岭南后，岭南开始进入金属货币时期，"半两"钱成为全国流通的货币。赵佗建立南越国后，为进一步加强与中原地区的贸易往来，国内使用秦汉"半两"钱作为流通货币。两广地区发现的秦和西汉早期遗址和墓葬中，除发现秦"半两"和汉初"半两"外，未见其他类型货币。

"半两"铜钱

秦（前 221—前 207 年）

钱径 3 厘米

1997 年广州南越国宫署遗址出土

南越王博物院藏

鎏金"半两"铜钱

西汉南越国（前 203—前 111 年）

钱径 2.32 厘米

1995 年广州南越国宫署遗址出土

南越王博物院藏

　　无内、外郭，"两"字"从"部写成一横，钱形不规整。鎏金"半两"是皇帝用于赏赐给王族宗室或贵族大臣的一种特殊货币。

"半两"铜钱

西汉南越国（前203—前111年）

钱径2.3~2.5厘米

1997年广州南越国宫署遗址出土

南越王博物院藏

金饼

西汉南越国（前203—前111年）
直径5.5厘米、实重239克
1979年广西贵县（今贵港市）罗泊湾2号墓出土
广西壮族自治区博物馆藏

　　圆形，正面凹陷，背面隆起。正面竖刻"一╳╳ⅠⅠⅠ"符号。有学者认为该金饼上刻的是数字符号，可译成1553号，是指金饼铸造数码或是入库时所刻划的编码。（拍摄者：张磊）

"野雄鸡七其六雌一雄以四月辛丑属中官租　纵"木简

西汉南越国（前203—前111年）

长24.9厘米、宽1.7厘米

2004年广州南越国宫署遗址出土

南越王博物院藏

　　简文大意是：四月辛丑日收得野雄鸡七只，其中六只为雌鸡，一只为雄鸡，中官嘱托收取的租税。"野雄"或为地名，在西汉南越国时期出产良种鸡。中官，文献多见。《汉旧仪》："中官、私官尚食，用白银钿器。"南越文王墓主棺室出土了一件铭刻"私官"的银盒，与史籍记载吻合。

　　这枚南越木简记录了南越国不征收货币租税，而交实物赋税的情况。

度量衡

秦定岭南后，度量衡制度得以在岭南推广。南越国沿袭秦制，采用了与汉朝相同的度量衡制度，递进单位长度用寸、尺、丈，容量用升、斗，衡（重量）用两、斤、石。各种单位的计量值标准与汉朝基本上一致，这为岭南商贸的发展提供了有利条件。

西汉南越国的度量衡标准

度	广西罗泊湾1号墓出土的木尺（M1:323）	1尺=23厘米	罗泊湾尺可视为秦统一后在岭南推行的标准尺
	秦商鞅量尺	1尺=23.1厘米	
	河北满城汉墓出土的刻有高度的铜锭（灯）	1尺≈22.5~23厘米	
量	广州南越文王墓出土的记容器	1升=197.655毫升（取平均值）	
	广西罗泊湾1号墓出土的记容器（铜鼎）	1升=194.37毫升（取平均值）	
	西汉前期容量标准	1升=188~200毫升	
衡	广州南越文王墓出土的记重器	1斤=229.634克（取平均值）	南越文王墓和罗泊湾1号墓揭示的衡值与西汉前期重量标准偏差数值不到15克，这在古代是允许的
	广西罗泊湾1号墓出土的记重器	1斤=264.23克（取平均值）	
	西汉前期重量标准	1斤=244~250克（一般以250克为准）	

"布七斤"铭环纽筒形铜钟

西汉南越国（前203—前111年）
高31厘米、纵径10.4厘米、横径12厘米
1976年广西贵县（今贵港市）罗泊湾1号墓出土
广西壮族自治区博物馆藏

合模铸成，直筒形，顶平，有实心半环纽。钟身下端两侧对开长方形缺口。正面篆刻"布七斤四两"五字。"布"，汉时布山县（今贵港市）之省文。罗泊湾汉墓中出土不少漆耳杯、漆盘以及铜器上烙印或铭刻"布山""布"字等。按秦汉时期烙印戳记的惯例，"布山"应是其制造地。"布山"作为地名，最早见于《汉书·地理志》郁林郡条："郁林郡，故秦桂林郡，属尉佗。武帝元鼎六年开，更名。"郁林郡辖十二县，首县就是"布山"。根据考古发掘和史籍记载，汉初的布山应是秦代布山的延续。该铜钟的发现，为秦汉时期郡县制在岭南的推行增加了实物例证。（拍摄者：张磊）

银洗

西汉南越国（前 203—前 111 年）

高 4.5 厘米、口径 20.4 厘米

1983 年广州南越文王墓后藏室出土

南越王博物院藏

　　平沿的正背面都有铭刻，正面刻"六升　西共左　今三斤二两　乘舆"十二字。"西共"应该是秦代西县共厨之省文，西共器当系祭祀西时所用的膳食器具。"乘舆"原指皇帝、诸侯乘坐的车子。此洗錾刻"乘舆"二字，表明这是南越王室的专用器。"乘舆"喻御服器械百物，亦袭用汉廷称谓。

银卮

西汉南越国（前 203—前 111 年）
高 9.8 厘米、筒径 6.2 厘米
1983 年广州南越文王墓西耳室出土
南越王博物院藏

　　出土时装在一个漆卮内，漆卮已朽。此器系铸成，圆筒形，直口合盖，附两个
小铺首衔环。盖面分内外二区，内区鎏金，外区分立三个 S 形鎏金立纽。外底部刻
"一升十二"四字，字划浅细，似为信手刻划。

铜灯

西汉南越国（前 203—前 111 年）
高 40.9 厘米、盘径 23 厘米
1983 年广州南越文王墓后藏室出土
南越王博物院藏

一对，如把豆形。灯盘敞口，内底立三尖状乳突以插烛。座足上
有刻铭：其一刻"重十三斤十一两"，另一刻"重十三斤十二两"。

铜鼎

西汉南越国（前 203—前 111 年）
高 28.5 厘米、口径 31 厘米、腹径 27.8 厘米
1983 年广州南越文王墓后藏室出土
南越王博物院藏

越式铜鼎。器体较小，直腹较浅，大平底。两方直耳。底有烟炱，口沿上刻"重十六斤 容三斗大半斗"。内有青蚶和少量木炭。

铜鼎

西汉南越国（前 203—前 111 年）
高 41 厘米、口径 33.5 厘米、腹径 29 厘米
1983 年广州南越文王墓后藏室出土
南越王博物院藏

越式铜鼎，器形较大，腹下垂外膨，底有烟炱。耳下颈部有补钉。
盘口上刻"重廿八斤 容六斗 大半斗"。

"二斗二升"铜鼎

西汉南越国（前 203—前 111 年）
高 28 厘米、口径 23.8 厘米
1976 年广西贵县（今贵港市）罗泊湾 1 号墓出土
广西壮族自治区博物馆藏

盘口，扁腹，平底，直足，下端稍外撇，足外侧起棱，口沿外附一对绞索形耳。口沿外卧刻"二斗二升"四字。出土时发现有另一绞索形活动提梁，可套挂在耳上。

（拍摄者：张磊）

文字

从目前考古发现的材料来看，南越国使用的文字是汉字。先秦时期，极个别的现象表明汉字已慢慢传至岭南。随着秦的屯军戍边和大量汉人南迁，秦王朝推行的"书同文"制度，为中原文化在岭南的传播奠定基础。赵佗"和集百越"的民族政策，更是加快了汉越文化的交流。秦汉以后岭南地区的墓葬中出土的众多文字材料，皆为汉字，说明汉字已成为南越国的官方文字并在岭南推广和普及。

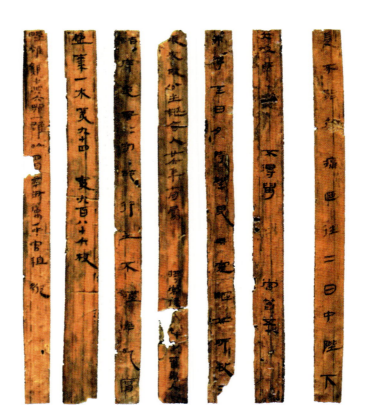

南越木简

西汉南越国（前203—前111年）
长24.6~25.3厘米、宽1.55~2.1厘米
2004年广州南越国宫署遗址出土
南越王博物院藏

广州南越国宫署遗址一口渗水井内清理出的一百余枚木简，堪称"岭南第一简"。字体均为墨书隶书，个别字体含篆书笔意。书写风格与湖南长沙马王堆汉墓帛书竹简、山东临沂银雀山汉墓竹简、湖北江陵张家山汉墓竹简接近。

"从器志" 木牍

西汉南越国（前 203—前 111 年）

长 38 厘米、宽 5.7 厘米

1976 年广西贵县（今贵港市）罗泊湾 1 号墓出土

广西壮族自治区博物馆藏

　　墨书文字，自题为"从器志"。正背两面都有字，正面在书写之前用刀削横划出大致相等的五栏，背面三栏，无刀削横划痕迹。全牍共 372 字，19 个符号，字体为秦汉之际通行的略带篆书笔意的隶书，内容是开列随葬器物的清单，包括衣、食、用、玩、兵器等项。所列器物种类繁多，既有当地产品，也有中原产品。（拍摄者：张磊）

石砚

西汉南越国（前 203—前 111 年）

砚台长 13.6 厘米、宽 12.7 厘米、厚 3.3 厘米；

研石底长 3.6 厘米、宽 4.5 厘米、高 3.2 厘米

1983 年广州南越文王墓前室出土

南越王博物院藏

    砚台与研石同为灰黑色的河卵石制成，上面均留有墨迹。砚台呈不规则圆形，研石如覆斗状，研磨面光平，是长期磨蚀所致。

墨丸

西汉南越国（前 203—前 111 年）

大的直径 1.31 厘米、厚 0.42 厘米；中的直径 1.16 厘米、厚 0.33 厘米；

小的直径 0.81 厘米、厚 0.22 厘米；总重 876.75 克（湿称）

1983 年广州南越文王墓西耳室出土

南越王博物院藏

    该室共出土 4385 颗墨丸。色泽黑中微泛红。质地细腻。呈小圆饼形，如滴珠凝聚状。有的墨丸上粘附木胎残片及少许漆皮，可推知这些墨丸应原盛于一个木胎漆盒内。

墨书"实祭肉"陶碗

西汉南越国（前 203—前 111 年）

高 4.4 厘米、口径 9.9 厘米

1983 年广州南越文王墓东耳室出土

南越王博物院藏

　　该室共出土三件这样的陶碗。浅腹，小平底，器底抹一层泥浆，再绘两圈墨彩，中间墨绘水波纹，腹下底处墨书"实祭肉"三字。

"結"字封泥

西汉南越国（前203—前111年）

印面边长 2.1 厘米

1983 年广州南越文王墓西耳室出土

南越王博物院藏

　　该室共出土"結"字封泥五枚。《集韵》：結，攻乎切，音孤。指結缕，草名。该封泥当为缄封者名章。同出有"泰官"封泥多枚，"結"可能为泰官令的名字。

"衍"字封泥

西汉南越国（前203—前111年）

印面边长 1.1 厘米

1983 年广州南越文王墓东侧室出土

南越王博物院藏

　　该室共出土阴刻篆体"衍"字封泥五枚。大小字体全同，系同一印章钤印。"衍"应为缄封者的名字。东侧室为姬妾之藏，而且只出"衍"字封泥，由此推测"衍"很可能是南越宫廷中女官名，东侧室的随葬器物由此女官缄封入葬。

"王行印"封泥

西汉南越国（前203—前111年）

印面长 3.2 厘米、宽 3.1 厘米

1986 年广西贺州铺门汉墓出土

广西贺州市博物馆藏

　　泥质，呈不规整方形，印面有阳文篆体"王行印"三字。此封泥表明墓中随葬器物是由"王"加盖"行印"进行缄封的。

"工恶"字漆耳杯

西汉南越国（前 203—前 111 年）

长 13.2 厘米、宽 9.5 厘米、高 4.25 厘米

1997 年广州农林上路四横路 11 号墓出土

广州市文物考古研究院（南汉二陵博物馆）藏

　　木胎，挖制。新月形耳。平底。通体以黑漆为地，用红漆彩绘纹饰。器底红漆书"工恶"二字。

"臣偃"玉印

西汉南越国（前203—前111年）

印面边长1.5厘米

1956年广州先烈路麻鹰岗1175号墓出土

广州博物馆藏

　　正方形，覆斗纽，阴刻"臣偃"二字。出土时与铁削刀、铁刮刀、鎏金铜指环共置于一漆奁内，漆奁已朽。

"辛偃"玉印

西汉南越国（前203—前111年）

印面边长2.3厘米

1956年广州先烈路麻鹰岗1175号墓出土

广州博物馆藏

　　与"臣偃"玉印同出一墓，正方形，覆斗纽，阴刻"辛偃"二字。

"李嘉"玉印

西汉南越国（前203—前111年）

印面边长2厘米

1957年广州华侨新村竹园岗1180号墓出土

广州博物馆藏

　　正方形，覆斗纽，刻篆文"李嘉"二字。

"赵安"玛瑙印

西汉南越国（前203—前111年）

印面边长2.1厘米

1955年广州华侨新村玉子岗1075号墓出土

广州博物馆藏

　　正方形，覆斗纽，刻篆文"赵安"二字。

"公"铭素面砖

西汉南越国（前203—前111年）
残长13厘米、残宽11.6厘米；印面长1.7厘米、宽0.9厘米
1997年广州南越国宫署遗址出土
南越王博物院藏

　　南越国宫署遗址出土的戳印"官""公"等字的建筑构件应为王国司陶官署所监制。其职责中的一个主要内容是烧造砖瓦建筑构件。南越国宫署遗址出土的板瓦、筒瓦、瓦当、铺地砖，形体硕大，质地坚硬，丝毫不逊色于秦汉宫殿。

"奴利"铭筒瓦

西汉南越国（前203—前111年）
残长10.8厘米、残宽10.5厘米；印面边长1.78厘米
1997年广州南越国宫署遗址出土
南越王博物院藏

　　南越国宫署遗址出土的陶瓦文字，与秦都咸阳、秦始皇陵园出土的陶文和湖北云梦秦简上的文字基本一致，应是秦统一后的规范化文字。"奴利"，"奴"即奴隶或奴婢，"利"是陶工人名。

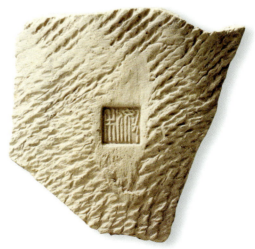

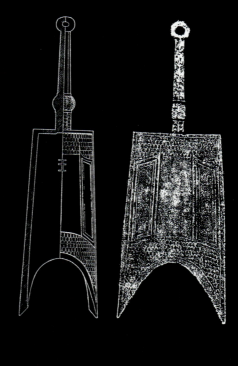

"王"字铜铎

西汉南越国（前 203—前 111 年）

通高 42.8 厘米、甬长 16 厘米、舞修 8.4 厘米、

舞广 7.3 厘米、中长 18 厘米、铣间 11 厘米

1983 年广州南越文王墓后藏室出土

南越王博物院藏

　　铎或称钲。通体修长，器壁厚重。铎身上窄下宽，两铣尖长，于内弧较深。甬为实心长柄，旋作瓜楞形。由旋至舞面饰单线鳞纹，钲部无纹，仅正面之上端刻一"王"字。

　　广东先秦青铜器的重要特点之一是以"王"字纹为标记，被视为越族部落的标志。"王"字纹青铜器除在广东德庆、肇庆、四会、广宁、罗定等地出土外，在广西、湖南、江西、江苏等地亦有发现。

动物骸骨
西汉南越国（前 203—前 111 年）
2004 年广州南越国宫署遗址出土
南越王博物院藏

动物遗骸（龟甲、青蚶、沟纹笋光螺、耳状耳螺等）
西汉南越国（前 203—前 111 年）
1983 年广州南越文王墓后藏室出土
南越王博物院藏

①

②

③

④

①冬瓜种子

②葫芦科种子

③荔枝核

④甜瓜种子

西汉南越国（前 203—前 111 年）
2004 年广州南越国宫署遗址出土
南越王博物院藏

①

②

③

①杜英种子

②杨梅种子

③葡萄属籽

西汉南越国（前203—前111年）
2004年广州南越国宫署遗址出土
南越王博物院藏

"牡鹿一"木简

西汉南越国（前203—前111年）

长24.7厘米、宽1.8厘米

2004年广州南越国宫署遗址出土

南越王博物院藏

　　鹿的养殖和食用，过去常见于北方。战国时期的秦人文化中，鹿充当了重要角色。该南越木简是南方地区最早有关鹿的养殖的相关文献。

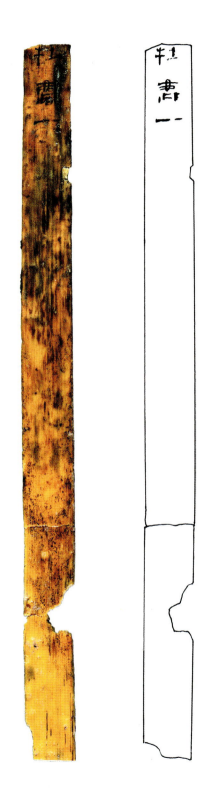

"牡鹿一"木简

"野雄鸡六"木简

西汉南越国（前203—前111年）

长25厘米、宽1.8厘米

2004年广州南越国宫署遗址出土

南越王博物院藏

　　秦汉时期交趾地区有以"雄"为名的嗜好。命名中的"雄"与性别无关。"野雄"可能是地名，乃南越国时出产良种鸡的地方。简文中"野雄鸡"可能与交趾地区有直接关系，属交趾向赵佗进贡的土特产。

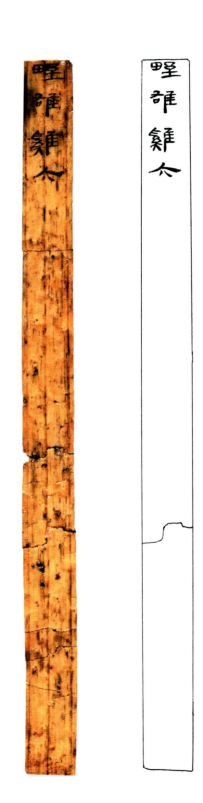

"野雄鸡六"木简

"朱劳鸟一☐"木简

西汉南越国（前203—前111年）
残长8.2厘米、宽1.8厘米
2004年广州南越国宫署遗址出土
南越王博物院藏

从木简中显示的鸟名来看，南越国鸟的命名应是以颜色为重要区分。赵佗"谨北面因使者献白璧一双，翠鸟千、犀角十、紫贝五百、桂蠹一器，生翠四十双，孔雀二双"，显示了南越国鸟类资源的丰富，而且很可能经过人工豢养，该木简的发现进一步丰富了这一认识。

"□□□　□□　紫（絮）离（雌）鸟三　白夐一"木简

西汉南越国（前203—前111年）

长25厘米、宽2厘米

2004年广州南越国宫署遗址出土

南越王博物院藏

　　南越国地处岭南，鸟类繁多，鸟一直是南越国向西汉王朝进贡的重要物品。

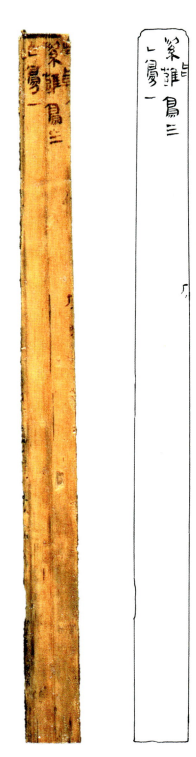

【铁器】 《汉书·地理志》记载，汉代全国设有铁官数十处，岭南则无。《汉书·南粤传》载："（高后）毋予蛮夷外粤金铁田器；马牛羊即予，予牡，毋予牝。"南越国开发岭南过程中所需要的铁器、耕畜等均要从中原获得。两广地区西汉前期墓中出土的铁器大都与中原地区同类器形相似，大抵都是由中原、楚地等输入到南越国境内的。

"东阳田器志"木牍

西汉南越国（前203—前111年）
残长9厘米、宽4.9厘米
1976年广西贵县（今贵港市）罗泊湾1号墓出土
广西壮族自治区博物馆藏

　　墓中出土的3号木牍自题为"东阳田器志"，为农具出入登记簿。下段残断，正面有字，可辨者不多，其余皆漫漶不清。秦设有东阳县，汉属临淮郡，故址在今江苏盱眙县东阳。"田器"即农具，题为"东阳田器志"，表明此牍所记载的乃江淮地区的农具。这说明南越国的农器是从中原引进的。木牍上记载的文字是研究南越国经济文化发展状况的重要资料。（拍摄者：张磊）

铁臿

西汉南越国（前203—前111年）

长10.4厘米、宽约11厘米

1983年广州南越文王墓东耳室出土

南越王博物院藏

　　呈凹字形。刃口圆弧，两刃角向上微翘。内侧有空槽以纳木叶。

铁臿

西汉南越国（前203—前111年）

高9.5厘米、口宽14厘米

1976年广西贵县（今贵港市）罗泊湾1号墓出土

广西壮族自治区博物馆藏

　　铁质生产工具。凹字形，弧刃，两侧有槽以纳木叶。臿是一种脚踏式掘土工具，用于翻土、理埂、挖坑、开渠等。此形臿在战国时期楚墓中常见。（拍摄者：张磊）

铁斧

西汉南越国（前203—前111年）
长 13.2 厘米、刃宽 8.6 厘米
1995 年广州南越国宫署遗址出土
南越王博物院藏

铁铸。銎口呈宽扁六边形，两侧高起，銎口沿下有三道凸棱。刃部两边外撇，两侧面中间有范合线。

铁锛

西汉南越国（前203—前111年）
长 8 厘米、宽 3.6 厘米
1983 年广州南越文王墓西耳室出土
南越王博物院藏

锻制。窄身式，单面刃，刃口略弧。顶部有长方形銎，内有朽木。

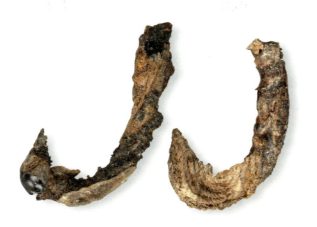

铁鱼钩

西汉南越国（前203—前111年）

较长一件钩宽2厘米、体长3.8厘米；稍短一件钩宽1.9厘米、体长3.2厘米

1983年广州南越文王墓西侧室出土

南越王博物院藏

　　以铁条锻打成弯钩形，钩尖锋利，无倒刺。较长一件外有多层丝绢残片，稍短一件一侧有密排的丝线残段，可能是钓线的残余。

铁鱼镖

西汉南越国（前203—前111年）

长16厘米

1995年广州南越国宫署遗址出土

南越王博物院藏

　　岭南地区濒临南海，有漫长的海岸线，境内河道纵横，湖泊遍布，有各种各样的水生动物。因此，岭南地区的水产捕捞业一直比较发达。

铜壶

西汉南越国（前 203—前 111 年）

高 37 厘米、口径 12.8 厘米、腹径 28.1 厘米

1983 年广州南越文王墓东耳室出土

南越王博物院藏

　　皿口，细长颈，圆腹，广圈足微向外撇。器表鎏金，器盖破碎。器身共有三条宽带凹纹，腹部饰铺首衔环一对。

漆绘铜壶

西汉南越国（前 203—前 111 年）

高 42.8 厘米、口径 16.2 厘米、底径 18.6 厘米

1976 年广西贵县（今贵港市）罗泊湾 1 号墓出土

广西壮族自治区博物馆藏

　　有盖，平口，短颈，圆腹，圈足。盖面隆起，有三只 S 形立纽。肩部有一对铺首衔环。器表面有漆彩图案，颈部是垂叶纹，腹部是勾云纹。（拍摄者：张磊）

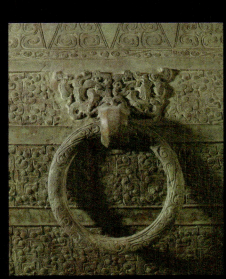

铜钫

西汉南越国（前 203—前 111 年）

高 55.5 厘米、口径 15 厘米、腹径 30.4 厘米

1983 年广州南越文王墓东耳室出土

南越王博物院藏

　　腹呈椭圆形突出，腹部四壁均有铺首衔环，方座足下四角附四小足。器身纹饰繁缛，器腹底纹为云雷纹和三角纹，主纹为蟠虺纹。器身不鎏金，盖鎏金。盖似为后来补造。

漆绘铜钫

西汉南越国（前 203—前 111 年）

高 49.5 厘米、口径 12.2 厘米、底径 13 厘米

1976 年广西贵县（今贵港市）罗泊湾 1 号墓出土

广西壮族自治区博物馆藏

　　有盖，盝顶，顶上四立纽，由四只相背面立的凤鸟构成。器身平唇，直口，方颈，鼓腹。腹部有一对铺首衔环。平底，方足。器表原髹黑漆，画有图案，隐约可见口颈部有垂连三角齿纹。足部刻"斄"字，为地名，即今陕西武功县。（拍摄者：张磊）

绘画铜镜

西汉南越国（前 203—前 111 年）

直径 41 厘米

1983 年广州南越文王墓西耳室出土

南越王博物院藏

　　三弦纽，镜中以一圈凹面宽带纹分两区，内区饰卷云纹，外区绘四组人物。镜纽中尚残存绥结。此镜绘画风格与湖南长沙马王堆 1 号墓的帛画相似。

铜铞

西汉南越国（前 203—前 111 年）

高 7.5 厘米、口径 20.8 厘米

1983 年广州南越文王墓西耳室出土

南越王博物院藏

　　窄沿，扁圆腹，圜底。通体内外鎏金。

铜鉴

西汉南越国（前 203—前 111 年）

高 15 厘米、口径 35 厘米、腹径 35 厘米

1983 年广州南越文王墓后藏室出土

南越王博物院藏

　　口微敛，沿稍外折，腹斜收成平底。腹上部对生两个大半环耳，耳上焊贴一兽首饰。鉴底三个短小方形足。器腹上有四组纹饰。

铜瓿

西汉南越国（前 203—前 111 年）

高 21.6 厘米、口径 14.5 厘米、腹径 32.3 厘米

1983 年广州南越文王墓东耳室出土

南越王博物院藏

　　器体硕大，敛口，短直唇，斜肩。腹最大径在上部，两耳作牛首形，各扣一大圆环。底附三矮足。盖上饰蟠虺纹。

铜釜、甑

西汉南越国（前 203—前 111 年）

釜高 15.5 厘米、口径 11.3 厘米、底径 8.5 厘米；

甑高 15.8 厘米、圈足径 12.5 厘米

1983 年广州南越文王墓后藏室出土

南越王博物院藏

　　釜小口直唇，大圆腹，平底。以腹之中部分成上下节套合，其下节似一个平折沿，深腹，平底的盆；上节形状如一覆盆，皿口，直唇。肩上有对称的双耳，为铺首衔环，以铆钉固定。甑为敞口，窄平沿，腹较深，圈足。腹上部有两个半环纽，内扣圆环耳。甑底有箅，透气孔作图案形。

漆绘铜盆

西汉南越国（前 203—前 111 年）

高 13.5 厘米、口径 50 厘米

1976 年广西贵县（今贵港市）罗泊湾 1 号墓出土

广西壮族自治区博物馆藏

　　平口，宽唇沿外折，直腹，下折成圜底。口沿上和腹壁内外都有精美漆画。口沿上绘的是菱形图案。腹内壁绘的是龙、鱼和卷云，两条巨龙构成整个图案的主体。龙的口中含珠，珠正当两个铺首后部的铆钉；另两枚铆钉则描成柿蒂形花朵，填补空间。（拍摄者：张磊）

铜烤炉

西汉南越国（前203—前111年）
高11厘米、长27.5厘米、宽27厘米、
口沿宽4.9厘米、盘深4.8厘米、足高6厘米
1983年广州南越文王墓后藏室出土
南越王博物院藏

　　平面近方形，四角微翘，腹壁垂直，有四个鸮形足。四壁外侧各附一铺首环。在稍长的两侧面近足处铸有小猪，共四头。炉体有繁复的纹饰，盘沿面饰羽状纹，外壁四面主纹是两两勾连的斜线纹，间以鸟纹。

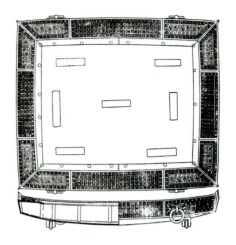

铜烤炉

西汉南越国（前 203—前 111 年）

高 11 厘米、长 61 厘米、宽 52.5 厘米、口沿面宽 6 厘米、腹深 6 厘米

1983 年广州南越文王墓后藏室出土

南越王博物院藏

　　平面略呈长方形。四角微翘，底设四个带轴轮的足，可以推动。炉体较长的两侧面各附两个铺首衔环。炉盘口沿面和四壁外侧均有相同的纹饰，由框格分为三组，中间是三列细小的横S形单体兽形卷曲纹，两侧也是单体兽纹，框内是蟠缠蛇纹。

蒜头扁壶

西汉南越国（前203—前111年）

高 26.5 厘米、口径 3.5 厘米、足宽 21.5 厘米

1976 年广西贵县（今贵港市）罗泊湾 1 号墓出土

广西壮族自治区博物馆藏

　　壶口为六瓣蒜头形，短颈，宽肩，两肩有铺首衔环。扁腹，长方形足，足部饰三角形镂孔。盖塞已失。器表原髹黑漆，已剥蚀。（拍摄者：张磊）

漆绘提梁铜筒

西汉南越国（前 203—前 111 年）

高 42 厘米、口径 14 厘米、底径 13 厘米

1976 年广西贵县（今贵港市）罗泊湾 1 号墓出土

广西壮族自治区博物馆藏

　　形似竹筒。直腹，有盖，圈足。盖顶有环纽，上腹部有一对铺首衔环耳，系活动提梁。器身分两节，仿竹节形。器表面漆彩画，每节又分为两段，每段自成一个完整画面。画面有人物、禽兽、花木、山岭、云气，可能是神话题材。盖面饰勾云纹，足部饰菱形纹。（拍摄者：张磊）

铜煎炉

西汉南越国（前 203—前 111 年）

高 10.5 厘米；间柱高 4 厘米；上层口长 19.5 厘米、宽 15.8 厘米；

下层口长 17.6 厘米、宽 14.8 厘米

1983 年广州南越文王墓后藏室出土

南越王博物院藏

　　两层，上层大，下层小，平面皆为长方形浅盘状。上盘四角微上翘，下盘平直。底有四个扁方形短足。两炉盘之间由四根曲尺形片条相联，与炉身同铸出。底有烟炱。

铜勺

西汉南越国（前 203—前 111 年）

勺体长 2.8 厘米、宽 5.4 厘米；柄长 17.7 厘米

1983 年广州南越文王墓西耳室出土

南越王博物院藏

　　勺体平面呈椭圆形。竹节状勺柄，实心。柄顶端铸一龙首，有横穿小孔以扣圆环。

铜挂钩

西汉南越国（前 203—前 111 年）
铃体高 9.5 厘米、口径 11.9 厘米；链节长 25.5 厘米
1983 年广州南越文王墓西耳室出土
南越王博物院藏

　　中间为一倒置铃形，铃体如圆帽形。使用时，在铃内注水，可以防止蚂蚁爬到挂钩上的食物。

铜姜礤

西汉南越国（前 203—前 111 年）
长 22 厘米、前部面宽 9.7 厘米、后部宽 5 厘米、足高 1.5 厘米
1983 年广州南越文王墓后藏室出土
南越王博物院藏

　　前部是漏孔，后部是擦面，尾端有一挂环，底部有四柱形短足。前部似漏勺形，两外侧各有一小半环耳。漏孔四排，擦面呈长方形。类似的工具至今岭南民间仍有使用，多以竹制成，主要用于磨取姜汁，故称姜礤。

带托铜镜

西汉南越国（前 203—前 111 年）

直径 28.5 厘米

1983 年广州南越文王墓西耳室出土

南越王博物院藏

由镜面和背托两部分组成，面与托分别铸制，又称复合镜。镜托作成凹形托盘，将镜面套入，用胶漆粘结牢固。镜托背面有错金银、红铜、绿松石嵌砌成的复杂图案。九枚鎏金乳丁分列于图案中。环纽上系以组带，绶带尚存。

镜托

镜面

四山纹铜镜

西汉南越国（前203—前111年）

直径 8.4 厘米

1983 年广州南越文王墓东耳室出土

南越王博物院藏

　　三弦小纽，双重方纽座。纽座之四角伸出连贯式的四组桃形花瓣，每组两瓣，间于四山字纹。主纹为四个"山"字，其底边略与纽座平行，以羽状纹为地。

四山纹铜镜

西汉南越国（前203—前111年）

直径11.8厘米

1976年广西贵县（今贵港市）罗泊湾1号墓出土

广西壮族自治区博物馆藏

　　青黑色，窄边，桥纽，方形纽座。背饰羽状地纹，主纹为四个"山"字，纽座的四角各饰两叶为"山"字间隔，素缘。（拍摄者：张磊）

六山纹铜镜

西汉南越国（前 203—前 111 年）

直径 21 厘米

1983 年广州南越文王墓西侧室出土

南越王博物院藏

　　三弦纽，双重圆纽座。主纹为六个"山"字，"山"字呈逆时方向倾斜，以浪花形羽纹为地纹，中间层作连叶形花瓣。

"十"字形龙凤纹铜镜

西汉南越国（前203—前111年）

直径 27.4 厘米

1983年广州南越文王墓东侧室出土

南越王博物院藏

　　三弦纽，宽带纹纽座。纽座外有宽带状的"十"字形四叶纹，将纹饰分为内外两区。内区有四扁叶正对四叶内，四扁叶尖上各站立一只凤鸟。外区四叶之间各有一条蟠龙，略呈S形。以云雷纹为地纹。

陶瓿

西汉南越国（前 203—前 111 年）

高 10.7 厘米、口径 7.3 厘米、腹径 17.6 厘米

1983 年广州南越文王墓西耳室出土

南越王博物院藏

　　小口直唇，斜肩，扁圆腹，平底。腹最大径在中部。肩部有双线半环形耳。盖纽为双线半环纽。器身肩腹部有四组多线弦纹与四组刻划纹相间。器表满布包裹的丝绢残痕。

陶提筒

西汉南越国（前 203—前 111 年）

高 24.3 厘米、口径 21.5 厘米、底径 19.52 厘米

1983 年广州南越文王墓西耳室出土

南越王博物院藏

广口，直身，器身修长，平底无盖。器内有黑色碳化物。器内壁有明显的泥条盘筑痕。口沿下附两个双圆筒形贯耳。器体中部饰弦纹、篦纹与水波纹。

彩绘陶盒

西汉南越国（前203—前111年）

高6厘米、口径11.3厘米、底径6.5厘米

1983年广州南越文王墓东耳室出土

南越王博物院藏

　　器身似小碗，小平底。子口合盖。器身施以墨彩
纹带，间饰以朱绘图案。

陶三足盒

西汉南越国（前203—前111年）

高5.3厘米、口径6.5厘米、腹径7.5厘米

1983年广州南越文王墓东侧室出土

南越王博物院藏

　　器形较小，制作精细。盖纽作立鸟形。

绳纹陶壶

西汉南越国（前 203—前 111 年）
高 24 厘米、口径 13.3 厘米、腹径 22.7 厘米
1996 年广州南越国宫署遗址出土
南越王博物院藏

　　泥质灰陶，表面施黑陶衣，肩、腹部饰竖绳纹和横旋纹，下腹部饰横绳纹。肩部刻有文字。此壶的陶质、造型及纹饰均与南越陶器有异，可能是秦军带来的外地陶器。

🐾 手工业

　　受中原地区先进文化、经济和技术的影响，南越国的其他手工业如纺织、漆器、玉器、玻璃、金银器等，和先秦时期相比，有了飞速的发展。虽然史书在这方面的记载较匮乏，但来自考古发掘的材料却很丰富。

【纺织】　　在南越文王墓出土的大小器物几乎全部用丝绢包裹，西耳室成匹叠置的丝绢和铜印花板模，表明南越国宫廷不仅有专门的丝织作坊，而且丝织业高度发达。在南越文王墓出土的织物除部分可能是汉朝赏赐或贸易输入外，其纺织物及其原料大部分是本地生产和织造。

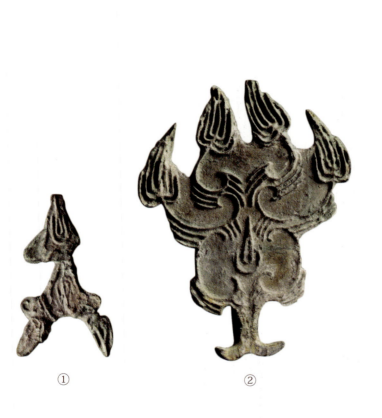

① 　　　　　　　②

铜印花板模

西汉南越国（前203—前111年）
①长3.4厘米、最宽1.8厘米
②长5.7厘米、宽4.1厘米
1983年广州南越文王墓西耳室出土
南越王博物院藏

　　这两件印板是在丝织物上印染图案的工具。在西耳室出土的丝织品中发现了与印板图案相同的印花织物。根据对比分析，小的一件应为印花时的定位纹板，大的一件应为主纹板。这套铜印花板模被认为是目前发现的世界纺织史上最早的一套彩色套印工具，为研究2000多年前的岭南纺织业提供了极为重要的实物资料。

在南越文王墓中发现的大批丝织物，虽然大多残朽，但仍有不少残片可供鉴定，从而对南越国的纺织业有一定的认识。墓中随葬的丝织物品种有平纹绢、方孔纱、斜纹绮、刺绣，组织复杂的绵、罗、绉纱和提花棉、绒圈锦等高级织物，以及手工编织的绶带、罗带和组带等多种编织物。出土织物的涂染工艺有朱染丝帛、漆纱、云母研光丝绢和黑油绢。墓中出土的丝织品数量和品类不亚于湖南长沙马王堆汉墓。

朱绢

西汉南越国（前203—前111年）

1983年广州南越文王墓西耳室出土

南越王博物院藏

绣绢

西汉南越国（前203—前111年）

1983年广州南越文王墓西耳室出土

南越王博物院藏

木纬刀

亚铃形木绞线棒

纺织工具

西汉南越国（前203—前111年）
1976年广西贵县（今贵港市）罗泊湾1号墓出土
广西壮族自治区博物馆藏

　　墓中发现了一些实用织机和模型织机的部件，其中某些部件可从今日壮族使用的织锦机上找到对应。"从器志"木牍中也列出了不少纺织品的名称，比如缯、苎、布、线、絮、丝等，可分为蚕丝和麻织品两类。它们是研究当时纺织业发展情况的珍贵材料。

　　在广州和广西的西汉南越国时期墓葬中出土了一些不完整的纺织品，盖因岭南土壤含酸度高，丝织品在地下多已腐朽、碳化、残碎。即便如此，从这些考古发掘成果来看，南越国的纺织业已达到一定的水平。（拍摄者：张磊）

工字形木器

木削刀　　　　　　　　　　　　木挑刀

【漆器】 南越国时期墓葬出土的漆器数量不少，主要是木胎，小型器多用夹纻胎，外髹黑漆，内髹红漆，在黑漆上施彩绘，以红、白为主，杂以绿、褐、黄、金色。广州南越文王墓出土漆器甚多，可惜腐朽严重。广西贵县（今贵港市）罗泊湾汉墓和贺州铺门金钟 1 号墓也有大量漆器出土。在铜器上施漆画、使用鎏金铜框镶嵌漆器和使用金银玉片装饰漆器均是南越国漆器的特点。

漆奁

西汉南越国（前 203—前 111 年）
高 7 厘米、口径 13.5 厘米
1976 年广西贵县（今贵港市）罗泊湾 1 号墓出土
广西壮族自治区博物馆藏

卷木胎，圆筒形，盖、器相套。盖顶以三圈等高线层层向中心高起；厚底略圜。器表髹光亮的黑漆，用红漆描绘花纹。顶部中心是变形龙纹，并以旋涡纹填补龙身。内壁全髹红漆。（拍摄者：张磊）

云纹漆盘

西汉南越国（前 203—前 111 年）
高 4.71 厘米、直径 38.2 厘米
广州先烈路黄花岗 1048 号墓出土
广州博物馆藏

　　盘面外圈髹朱漆，盘心黑漆为地，以金色涂绘四组凤形纹，用朱漆勾勒，盘心的鱼形纹及四对曲折纹也是用朱漆绘画的。盘底亦有花纹，边沿处为两周图案纹带，外周是变形龙凤纹，内周是简化了的云雷纹。

漆方盒

西汉南越国（前 203—前 111 年）
高 9.5 厘米、长 20.4 厘米、宽 11.3 厘米
1976 年广西贵县（今贵港市）罗泊湾 1 号墓出土
广西壮族自治区博物馆藏

　　斫木胎，长方形，盖呈盝顶形，正中嵌柿蒂形铜扣纽，有环。盖、器都外髹黑漆，内髹红漆。在黑漆地上再用红、赭两色描绘装饰花纹。顶面、顶内、底内皆为流云纹，盖面四周、盖的口沿和器身口沿内壁皆为红、赭两色相间的菱形纹带，盖的坡面、盖沿上部和器身外壁都是红、赭两色相间的勾连回纹带。（拍摄者：张磊）

漆桶

西汉南越国（前203—前111年）

高29厘米、口径23.6厘米、底径23.6厘米

1976年广西贵县（今贵港市）罗泊湾1号墓出土

广西壮族自治区博物馆藏

    斫木胎，直筒形，子母合口，有盖，平底。外髹黑漆，内髹红漆。在黑漆地上再朱绘花纹，腹部上下朱绘两道鱼纹，中央两道水纹和一组涡纹。（拍摄者：张磊）

南越文王墓出土了 240 多件玉器，不仅纹样构思精巧，构图打破了传统对称风格，标新立异，而且将制玉工艺与金属、漆木细工相结合创造出错金嵌玉的玉器精品，据此推测南越国宫廷中必有规模不小的制玉作坊。从玉器的制作方法、玉器造型和雕刻风格上看，南越国玉器制作应是在中原内地的影响下结合楚风、汉韵及越地特色发展起来的。

透雕龙凤纹重环玉佩

西汉南越国（前 203—前 111 年）

直径 10.6 厘米

1983 年广州南越文王墓主棺室出土

南越王博物院藏

　　圆璧形，以圆圈分隔为内外两圈。内圈透雕一游龙，两爪及尾伸向外区；外区透雕一凤鸟，立于龙爪之上，凤冠及尾羽均为卷云纹，将外区上下填满。

兽首衔璧玉佩

西汉南越国（前 203—前 111 年）

长 16.7 厘米、宽 13.8 厘米

1983 年广州南越文王墓主棺室出土

南越王博物院藏

　　整体由一兽首和一谷纹璧组成，整玉雕出。兽首左侧透雕一螭虎，右侧无，形成不对称的布局。谷纹璧的上端与兽鼻处的长方形銎相接，可前后摆动。全器采用镂空、浅浮雕、线刻三种技法，镂刻精工。

凤纹牌形玉佩

西汉南越国（前 203—前 111 年）

长 14 厘米、宽 7.4 厘米

1983 年广州南越文王墓主棺室出土

南越王博物院藏

　　全器扁平，双面透雕，当中为一长方框，框外上端连着一朵卷云纹，框内透雕一倒悬的变形凤鸟纹，回环卷曲布满方框内。方框下面雕一高冠卷尾的变形凤鸟，其前爪触及框内凤鸟的头顶。方框下端折断，特铸制两个 H 形小金襻，连接上下两个断口，使全器复为一体。金襻两面均有针刺图案。方框右侧雕一昂首的凤鸟，双足立于一璧上，长尾末端回卷托住玉璧，左侧透雕一串璎珞，其上饰一变形小鸟。

虎头金钩扣玉龙带钩

西汉南越国（前 203—前 111 年）
通长 14.4 厘米；钩长 5.9 厘米、最宽处 2.6 厘米、重 100 克
1983 年广州南越文王墓主棺室出土
南越王博物院藏

　　由一青玉镂雕的玉龙和一个金质虎头带钩组合而成。玉龙似 S 形，两面饰谷纹。龙头向上，尾回卷，下半折断，断口两边各钻三个小圆孔，用丝线连缀。金带钩系铸成，钩首和钩尾均作虎头形。钩尾的虎头额顶剔地阴刻一"王"字。宽腹，腹底部横穿一长方形銎孔。出土时，玉龙尾部的下半截套在銎孔中。

玉盒

西汉南越国（前 203—前 111 年）
高 7.7 厘米、口径 9.8 厘米
1983 年广州南越文王墓主棺室出土
南越王博物院藏

　　青玉，局部有黄褐色斑。盒身深圆圜底，下附小圈足。盖中央隆起，有
桥形纽，内扣绞索纹圆环。口与器口均作子母口。盖有修复痕迹。盖面当中
饰八瓣柿蒂纹，盖内线刻两凤鸟。

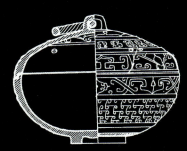
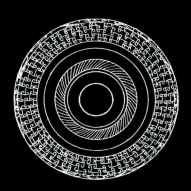

铜承盘高足玉杯

西汉南越国（前 203—前 111 年）

通高 17 厘米、承盘高 5.7 厘米、外径 23.6 厘米

1983 年广州南越文王墓主棺室出土

南越王博物院藏

　　全器由高足青玉杯、托架和铜承盘三部分组成。高足杯为圆筒形，直口圜底，下连豆把形座足。杯体和座足分别由两块青玉雕成。杯体及座足饰勾连谷纹和瓣叶纹。托架由三龙共衔一块镂圆孔的花瓣形玉片组成，三龙皆金首银身，各衔一片花瓣。出土时承盘内尚有一垫木。承盘底下的三足作铺首形，盘腹外壁再饰三个以银铸制的小铺首。整器由金、银、玉、铜、木五种材料制成。

玉杯

西汉南越国（前 203—前 111 年）

高 11.3 厘米、口径 4.5 厘米、足径 3.3 厘米

1976 广西贵县（今贵港市）罗泊湾 1 号墓出土

广西壮族自治区博物馆藏

    由一整块玉雕琢而成。平口，深腹，小底，空心足。器壁饰勾云纹和乳丁纹。（拍摄者：张磊）

玉角杯

西汉南越国（前 203—前 111 年）

长 18.4 厘米、口径 5.8~6.7 厘米

1983 年广州南越文王墓主棺室出土

南越王博物院藏

　　青玉质，半透明，局部有红褐浸斑。仿犀角形，中空。口呈椭圆形，往下渐收束，近底处成卷索形回缠于器身下部。纹饰自口沿处起为一立姿夔龙向后展开，纹饰绕着器身回环卷缠。

铜框玉盖杯

西汉南越国（前 203—前 111 年）

高 16 厘米、口径 7.2 厘米、底足径 5.5 厘米

1983 年广州南越文王墓主棺室出土

南越王博物院藏

　　杯体呈八棱筒形，有喇叭形座足。杯身为铜铸窗棂形框架，分上下两截嵌入青玉片。盖外沿为铜框鎏金，盖顶镶一整块青玉。

鎏金铜框玉卮

西汉南越国（前203—前111年）
高14厘米、口径8.6厘米、底径8.3厘米
1983年广州南越文王墓西侧室出土
南越王博物院藏

　　卮身由九块玉片嵌在一个鎏金铜框上，整器呈九棱圆筒形，下附兽首形三短足。器腹上部附玉鋬。平底，底为一块圆玉片。口沿、底沿及九条壁框均为鎏金铜框。有漆木圆盖，糅黑漆，上有朱漆线纹。出土时全器有多层丝绢包裹。

八节铁芯龙虎玉带钩

西汉南越国（前203—前111年）

长19.5厘米、体厚1.6厘米、虎头宽4厘米、龙头宽1.6厘米

1983年广州南越文王墓主棺室出土

南越王博物院藏

　　青玉质，局部有深褐色斑。通体圆雕，龙虎并体形，由八节合成。虎头宽扁，张目露齿，颈上套一节圆箍，身上束三道宽带。左边的前后爪向前蹬，右边的前后爪向后蹬。钩首雕作龙头形。纽作扁圆柱体。首尾两节镂出圆銎，当中的六节有圆孔贯通，用一根铁芯串联。因铁锈膨胀，铁芯折断，有两节已开裂。

龙虎并体玉带钩

西汉南越国（前203—前111年）

长18.9厘米、最宽处6.2厘米、环径2.5厘米

1983年广州南越文王墓主棺室出土

南越王博物院藏

　　青玉质，半透明，局部有褐色斑。钩首作虎头形，末端为龙首，龙虎双体并列，弯曲呈S形。两体间镂出一条线缝以示分体，钩中上部透雕一环，龙张口咬环，伸爪，虎亦伸一爪攫环。钩体表面和圆环都饰勾连雷纹。钩纽位于腹下，扁圆形，纽柱为圆柱体。

玉剑首

西汉南越国（前 203—前 111 年）

直径 5.1 厘米

1983 年广州南越文王墓西耳室出土

南越王博物院藏

　　圆形。正面圆雕螭虎、兽，背面刻勾连雷纹。

玉剑格

西汉南越国（前 203—前 111 年）

横宽 6.2 厘米、中长 4.1 厘米

1983 年广州南越文王墓西耳室出土

南越王博物院藏

　　器表有朱砂。双面雕。正中浮雕铺首纹，凸起的"双耳"部位透雕相对的鹦鹉各一只。此雕镂工艺是该墓出土的玉剑饰中最精巧的。

玉璧

西汉南越国（前 203—前 111 年）

直径 28.5 厘米

1983 年广州南越文王墓主棺室出土

南越王博物院藏

　　碧玉，有白色斑和一绺裂纹。内区为凸起蒲格涡纹；外区纹饰较为特异，为四龙四牛纹。龙双体，分向两边卷曲，足斜撑；角内卷如弯钩，额上有半圆，内刻斜格纹。牛头两弯角特别长，双体与龙尾纠缠。牛头的朝向与龙角相反。一圈绹纹带位于两区纹饰之间，这圈纹带比一般的绹纹较为宽平。璧的孔径也比一般的大。

双身龙纹玉璧

西汉南越国（前203—前111年）

直径 33.4 厘米

1983年广州南越文王墓主棺室出土

南越王博物院藏

　　此为南越文王墓中所出的玉璧中最大的一件。外区为七组双身龙纹，中区为篱格涡纹，内区为三组双身龙纹。三区纹饰及内沿之间均用绚纹作隔带。

双连玉璧

西汉南越国（前203—前111年）

高 7.4 厘米、宽 12.3 厘米、璧径 6.2 厘米

1983 年广州南越文王墓主棺室出土

南越王博物院藏

　　两圆璧外切相接，连接处上下方均透雕卷云纹饰，下方的卷云纹两边各
雕一鹦鹉。璧面饰涡纹。出土时置于墓主玉衣的双鞋下方，两孔间有丝带痕迹。

连体双龙佩

西汉南越国（前 203—前 111 年）

高 6 厘米、长 10.2 厘米

1983 年广州南越文王墓东侧室出土

南越王博物院藏

　　右夫人组玉佩的构件之一。平面略呈椭圆形，以两龙体构成。龙身上部双面透雕，下身两面有涡纹，环绕外周，周边有五个穿孔。透雕的两龙张口对视，中间为一花蒂形饰物。两龙各伸一足共攫花蒂形物座。另两足向外撑，一上一下不对称。龙身两面粘有朱砂痕。

南越国时期的玻璃是目前已知岭南地区发现的年代最早的，全部发现于墓葬当中，器形包括璧、平板玻璃、蜻蜓眼式珠、串珠等装饰物。南越文王墓出土的玻璃器经鉴定皆属于中国独创的铅钡玻璃体系。南越国的玻璃制造业应是在楚地（主要是长沙）的影响下建立起来的，由王国工官监造。

玻璃牌饰

西汉南越国（前203—前111年）
长10厘米、宽5厘米
1983年广州南越文王墓西耳室出土
南越王博物院藏

以铸出的铜框嵌一块浅蓝色透明平板玻璃。铜框鎏金，饰以穗状纹。在南越文王墓出土的牌饰，分别见于墓道、外藏椁、西耳室、主棺室和东侧室。此类牌饰较多在宁夏、内蒙古秦汉时期的匈奴墓中发现，作革带饰用。在南越文王墓出土的此类牌饰以浅蓝色平板玻璃取代了动物纹样作为牌心装饰。

玻璃璧

西汉南越国（前 203—前 111 年）

直径 11.6 厘米

1983 年广州南越文王墓西耳室出土

南越王博物院藏

　　器形较小，表面饰蒲纹，内外沿各有一道凹弦纹。

作为贵重金属，绝大部分金银器发现于南越国最高等级的文王墓中。南越文王墓的金银器多为金银服饰和配饰，如金银带钩、金羊、银盒、金花泡、杏形金叶等。除此以外，还包括装饰于非金银器上的错金银、鎏金银工艺和以金饰为改制件的再加工玉器，如金钩玉龙和凤纹牌形饰。南越文王墓西耳室发现的四块银锭，应是制作银器装饰的原料，表明南越国宫廷应有金银器手工业作坊。

漆杯金座足

西汉南越国（前 203—前 111 年）
高 6.4 厘米、长径 4.6 厘米、短径 3.9 厘米、重 130 克
1983 年广州南越文王墓西耳室出土
南越王博物院藏

造型似杯，断面呈椭圆形，中空，上有三道弦纹，弦纹上方有八个呈三角形的尖锋，连成锯齿状边沿，座体下收再宽展如平座，金座足上的三角形尖锋内壁有夹纻胎的杯身残漆少许。造型与在广州东山梅花村西汉南越国时期墓葬中出土的多件木胎漆杯相似。

雁形金带钩

西汉南越国（前203—前111年）
高 1.9 厘米、纽扣径 2.3 厘米
1983 年广州南越文王墓西耳室出土
南越王博物院藏

　　钩体为一长喙雁形，作回首状；长喙突出于体外。双翅合敛。眼睛以细线刻划出。纽柱呈圆柱形，末端有凹槽。纽扣呈一圆形薄饼状，有凸榫套入纽柱。榫头分叉，套入纽柱后纽扣仍可转动。

金饰片

西汉南越国（前203—前111年）
长宽各 6.4 厘米
1983 年广州南越文王墓东耳室出土
南越王博物院藏

　　该饰片为锤鍱镂孔而成，中间作璧形，周缘有四叶四芯相间环绕。可能是某种漆器盖上的饰物。

鎏金龙龟纹铜牌饰

西汉南越国（前203—前111年）

长8.1厘米、宽4.3厘米、厚0.4厘米

1983年广州南越文王墓主棺室出土

南越王博物院藏

　　牌饰呈横长方形，表面鎏金。镂空，一龙二龟纹样，周边饰以穗状纹带。背面有两个竖置半环纽，无背板，纽孔内横贯一段木栓。出土时正背面部都有裹缠的丝绢。

鎏金双羊纹铜牌饰

西汉南越国（前203—前111年）

长7.6厘米、宽3.9厘米

1983年广州南越文王墓东侧室出土

南越王博物院藏

　　牌饰呈长方形，透雕雌雄两羊盘错纹样，边框饰穗状纹。背面各有两个半环纽，两纽间有木条横贯其中，底有丝绢衬托。

杏形金叶

西汉南越国（前 203—前 111 年）
高 6.4 厘米、宽 4.3 厘米
1983 年广州南越文王墓主棺室出土
南越王博物院藏

　　共八片，形状、纹饰相同，以金箔片锤鍱成形。主题纹样为二尖角对羊纹。
金叶片上下左右各有小孔一对，用以缝缀丝线。出土时覆盖在玉衣的头套上。

金幎目

西汉南越国（前 203—前 111 年）
长 4.3 厘米、宽 4 厘米
1986 年广西贺州铺门汉墓出土
广西贺州市博物馆藏

　　桃状形，正面饰对羊纹，器物外缘有用于
穿缀的小孔。

金釦象牙卮（复制件）

西汉南越国（前 203—前 111 年）

残高 5.8 厘米、底釦径 6.45 厘米、盖釦径 6.75 厘米

1983 年广州南越文王墓西耳室出土

南越王博物院藏

　　出土时装在鎏金铜釦漆卮内。此象牙卮的盖与身相合如圆筒形，盖面是一整块圆饼形象牙板，外釦金质圆箍，盖面分立三个金质环形钩尾立纽，嵌入象牙板中。卮身是一个厚约 0.3 厘米的象牙筒，上口套入金釦，底下承一个有三蹄足的金质底座，空底。卮中部嵌纳一个环形连舌金錾。盖面的象牙板表里和器身的牙筒外表均有针刻线画。牙筒上的纹饰还间染朱、蓝二色，形成不同色块的图案。

　　墓中出土了不少精致的象牙制品，这件卮是唯一一件象牙器皿。从保存下来的象牙制品来看，主要是服饰和其他工艺品，包括象牙印、象牙鞘、象牙算筹等，以及装饰在漆木屏风上的帽钉花托、漆博局下的鹰爪形座足，镶嵌在剑鞘上的象牙饰片等。岭南古代多象，《淮南子·人间训》和《汉书·地理志》都有岭南产象的记载。墓中出土的原支象牙长 120 厘米，粗大而弯曲，经过对比确认为非洲象牙。

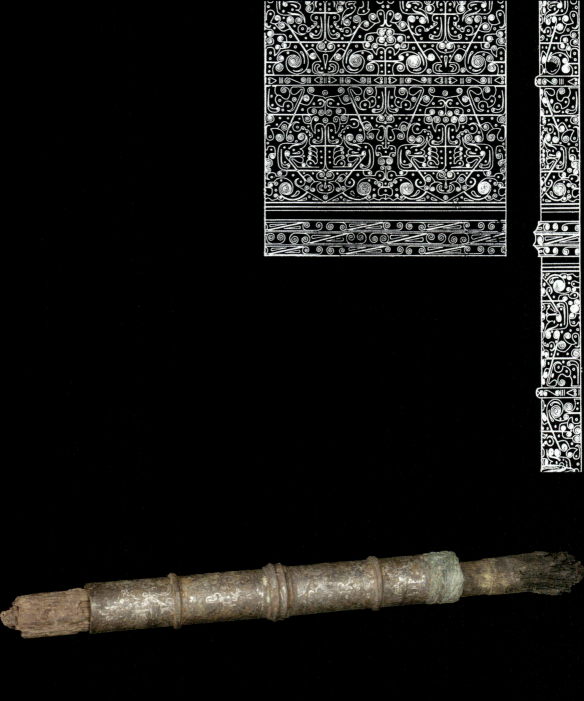

错银铜伞柄箍

西汉南越国（前 203—前 111 年）

长 40 厘米、直径 5.5 厘米

1983 年广州南越文王墓西耳室出土

南越王博物院藏

　　圆筒形，中部有一节凸起的宽带纹，两端各有一道凸棱。

通体鎏金，外表有错银的复杂花纹。出土时有丝绢包裹痕迹。

镶嵌绿松石铜带钩

西汉南越国（前 203—前 111 年）

长 20.1 厘米、体宽 1.2 厘米

1983 年广州南越文王墓主棺室出土

南越王博物院藏

　　通体用丝绢裹缠，锈蚀严重，折断为三截。去锈修复后尚有部分残缺。钩体铜胎，外表包金镶嵌绿松石。钩背自龙首以下的一段贴金箔片，刻有极细的线纹。龙头用金箔片锤鍱成形，眼珠、耳背原有镶嵌石，已脱失，额顶正中处的一颗圆形绿松石小珠尚存。龙颈两侧嵌的绿松石保存完好。两侧纹样相同，均作一条游龙，游龙尾部会合于正中成一鹰首。鹰的双耳系圆环，线纹极细。鹰首下弓形的钩体正中以一个 T 形图案为主体，用金丝编结成鳞状网眼，每个网眼中嵌一颗绿松石，组成地纹，两侧再辅以朱雀等图形。

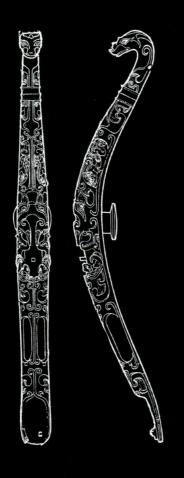

镶嵌绿松石银带钩

西汉南越国（前 203—前 111 年）
长 18.4 厘米、中宽 1.3 厘米、纽径 1.6 厘米
1983 年广州南越文王墓主棺室出土
南越王博物院藏

　　全器通体鎏金，侧视呈弓形，中间拱起，纽与纽柱均呈圆形。钩体表面有高浮雕纹饰并镶嵌宝石，纹样分三段：第一段为钩首，龙头形，下连卷云纹，有两条横的宽带纹与第二段作隔界。第二段位于钩体隆起最高处，纹饰的主体是一龙首，浓眉圆目，双角直竖，两侧还有一只高浮雕的飞虎，其下为卷云纹。第三段由钩体正中至钩末端，其间分嵌三组宝石，当中用卷云纹作隔界，宝石原已缺失，但留有嵌石的凹槽和固石的弯钩。

和集百越

赵佗建立南越国以后，实行"和集百越"的政策，在其统治范围内让越人参与政权管理，鼓励汉越通婚，尊重越人习俗，阻止越人好相攻击恶习，因地制宜让越人自治，以财物赂遗闽越、西瓯、骆等，加强了汉越民族之间的融合。

两广地区的考古发掘材料表明，西汉南越国时期墓葬中的随葬品，既有汉文化的器物，又有浓厚的地方特色，反映出多种文化的交流和融合。至西汉中期以后，无论是墓葬形制，还是随葬器物都表现出更多与中原文化相似的文化因素，反映了以都城番禺为政治、经济、文化中心，逐渐形成一种新型的汉越融合的南越文化。

广东和广西西汉南越国时期的墓葬（部分）

◆ 广州象岗山南越文王墓　竖穴掏洞分室石室墓

◆ 广州东山龟岗汉冢　竖穴分室木椁墓

◆ 广州西村凤凰岗 1 号墓　竖穴木椁墓

◆ 广州农林东路 68 号墓　"人"字顶木椁墓

◆ 广州动物园麻鹰岗 1170 号 "梁奋"墓　分室木椁墓

◆ 广州先烈路惠州坟场 1172 号"姚巳"墓　竖穴分室木椁墓

◆ 广州动物园麻鹰岗 1174 号墓　竖穴分室木椁墓

◆ 广州动物园麻鹰岗 1175 号 "辛偃"墓　竖穴分室木椁墓

◆ 广州华侨新村竹园岗 1180 号 "李嘉"墓　竖穴分室木椁墓

◆ 广州先烈路惠州坟场 1182 号墓　竖穴双层分室木椁墓

◆ 广州先烈路黄花岗 1048 号墓　双层分室木椁墓

◆ 广州东山农林上路四横路 11 号墓　分室木椁墓

◆ 广州东山农林东路 3 号墓　分室木椁墓

◆ 广州西湾路旧广州铸管厂 84 座

◆ 广州北郊瑶台柳园岗 43 座

◆ 广州华侨新村 38 座

◆ 广州中山大学肿瘤防治中心二期建设工地 35 座

◆ 广州环市东路淘金坑 22 座

◆ 广州西村王圣堂孖岗 11 座

◆ 广州荔湾区西湾路 148 号项目 5 座

◆ 广州水泥股份有限公司办公楼项目 4 座

◆ 广州中山大学北校区医学科研楼 4 号项目 3 座

◆ 广州增城浮扶岭 511 号墓　竖穴土坑木椁墓

◆ 广州增城浮扶岭 200 号墓　竖穴土坑木椁墓

◆ 广州增城金鸡岭 1 号墓

◆ 广东肇庆北岭松山 1 号墓　土坑木椁墓

◆ 广东东莞东城区桑园村　木椁墓（独木舟式木棺）

◆ 广西贺州铺门金钟 1 号墓　竖穴土坑木椁墓

◆ 广西贵县（今贵港市）罗泊湾 1 号墓　竖穴土坑木椁墓（有车马坑、殉葬坑、器物坑）

◆ 广西贵县（今贵港市）罗泊湾 2 号墓　竖穴木椁墓

◆ 广西贺州铺门高寨古墓群

◆ 广西平乐银山岭墓葬群

◆ 广西合浦文昌塔第 1 期墓葬群

"大鸡官奴坚当笞一百"木简

西汉南越国（前203—前111年）

残长16.2厘米、宽1.9厘米

2004年广州南越国宫署遗址出土

南越王博物院藏

　　"大鸡官"，史籍未见记载，南越国职官名。《汉书·郊祀志》："是时既灭两粤，粤人勇之乃言：'粤人俗鬼，而其祠皆见鬼，数有效……'乃命粤巫立粤祝祠，安台无坛，亦祠天神帝百鬼，而以鸡卜。上信之，粤祠鸡卜自此始用。"赵佗实行"和集百越"的政策，设"大鸡官"专司鸡卜事务，可见其对越人风俗习惯十分尊重。本书第103页木简记有"鸡"，第119页、第145页木简记"野雄鸡"，显示南越国应畜养一定数量的各种鸡只，鸡官之设，或即与此有关。

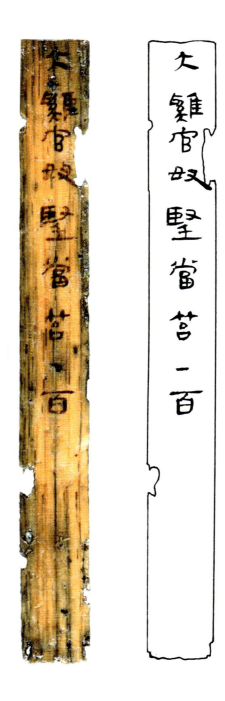

这两枚印章应属右夫人名章，推测其为越女从夫姓。南越国统治者提倡汉越通婚，南越国丞相越人吕嘉宗族"男尽尚王女，女尽嫁王子兄弟宗室"，其与苍梧秦王赵光亦有联姻。

"右夫人玺"金印

西汉南越国（前203—前111年）
印面边长 2.15 厘米
1983 年广州南越文王墓东侧室出土
南越王博物院藏

铸制。印面呈方形，阴刻篆文"右夫人玺"四字。有边栏和十字界格。印文刻工精湛。龟纽，龟背稍隆起，刻鳞状纹。腹下中空，可系绶。

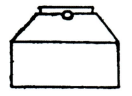

"赵蓝"象牙印

西汉南越国（前203—前111年）
印面边长 1.9 厘米
1983 年广州南越文王墓东侧室出土
南越王博物院藏

印面呈方形，覆斗纽，横穿孔。印面阴刻篆文"赵蓝"二字，有边栏及纵界。与"右夫人玺"金印同出，故定为右夫人名章。

提梁铜提筒

西汉南越国（前203—前111年）
高23.5厘米、盖径21.7厘米
1983年广州南越文王墓西耳室出土
南越王博物院藏

平底附圈足，器上部近口沿处有两个双线环鼻，以扣提梁。子口合盖，盖外沿有两个半环形贯耳。提筒腹上部饰双线菱形与圆圈纹。近圈足处饰一组多线平行纹带。全器以丝绢包裹，有盖顶封口捆扎。出土时提筒边有"金滕一□□"墨书竹签牌一个。

铜桶

西汉南越国（前203—前111年）
高36厘米、口径35.5厘米、底径30.2厘米
1976年广西贵县（今贵港市）罗泊湾1号墓出土
广西壮族自治区博物馆藏

呈圆筒形，上大下小，平口，平底，内凹成圈足，底下有浇口痕一道，口下有一对半环附耳，附耳内有竖形贯耳。出土时有木盖，盖作覆盘形，顶中有柱状纽。腹部饰栉纹四道，第一、二道之间饰勾连雷纹，腹中部在点纹带之间饰带切线的同心圆圈纹。

（拍摄者：张磊）

夔纹铜盖鼎

西汉南越国（前203—前111年）
高13.2厘米、口径10.5厘米、腹径12.9厘米
1974年广西平乐银山岭22号墓出土
广西壮族自治区博物馆藏

　　方形附耳，圆腹，圜底，扁蹄足。腹部饰有两周凸弦纹。盖顶置小纽，盖面与附耳饰夔纹。鼎足外撇是越式鼎的显著特征之一。

　　广西平乐银山岭墓群位于湘桂走廊的东侧。湘桂走廊历来是连接岭南与中原内地的交通要道。该墓群有西汉南越国时期墓葬百余座，从墓葬形制和出土文物看，墓主可能为西瓯屯戍的战士。（拍摄者：张磊）

越式铜鼎

西汉南越国（前 203—前 111 年）
高 54.5 厘米、口径 52 厘米、腹径 46.8 厘米
1983 年广州南越文王墓后藏室出土
南越王博物院藏

　　广口，口沿外折成盘形，腹壁较直，大平底。下有三条直形扁足，足面
有三道棱。口沿上直立两耳，方形，镂空。出土时器内有陶瓿一件和"泰官"
封泥一枚。

越式陶鼎

西汉南越国（前 203—前 111 年）

高 12.2 厘米、腹径 14 厘米

1983 年广州南越文王墓墓道出土

南越王博物院藏

敛口，圆腹，圜底。下附三棱柱形直足，微向外撇。近口沿处贴附一对长方形耳，双耳原已缺失。盖中有半环纽，盖面施斜行篦纹与弦纹。

铜三足案

西汉南越国（前 203—前 111 年）

高 11 厘米、口径 60.5 厘米、底径 55 厘米

1976 年广西贵县（今贵港市）罗泊湾 1 号墓出土

广西壮族自治区博物馆藏

　　由铜鼓改制而成。鼓面不露边，鼓胸很大，鼓面中心太阳纹十二芒，芒间夹套叠人字纹和圈点纹，太阳纹外六晕圈，主晕为四只翔鹭，应为石寨山型铜鼓。将该鼓胸部以上锯下，胸两侧对称焊上活动环耳，鼓面焊上三只马蹄形足，倒转过来即成一案。案心有烧烤痕迹，估计原来是用作烤火的炭盆。

（拍摄者：张磊）

扶桑树形铜灯

西汉南越国（前 203—前 111 年）
高 85 厘米、底径 20 厘米
1976 年广西贵县（今贵港市）罗泊湾 1 号墓出土
广西壮族自治区博物馆藏

　　灯呈扶桑树形，主干为圆柱形，上细下粗，下端为宝瓶形，底座为覆舟形。从主干分三层向外伸出九条枝干，每枝顶端托一桑叶形灯盏，主干顶端置金乌形灯盏。干、枝、叶、金乌分别铸造，用榫卯套扣，合成一体，可以自由装卸。《山海经·海外东经》说："汤谷上有扶桑，十日所浴，在黑齿北，居水中，有大木，九日居下枝，一日居上枝。"恰如此灯的形态。（拍摄者：张磊）

人面纹羊角纽铜钟

西汉南越国（前 203—前 111 年）

高 19 厘米、横径 14 厘米、纵径 8.1 厘米

1976 年广西贵县（今贵港市）罗泊湾 1 号墓出土

广西壮族自治区博物馆藏

　　合模铸成，呈半截橄榄形，上小下大，顶有羊角形銎纽，上端开长方形孔。鼓部正面铸人面纹，眼、鼻、口隐约可见。羊角纽钟流行于战国晚期至西汉初，岭南地区发现最多。瓯骆地区应是这类钟的主要产地。（拍摄者：张磊）

陶五联罐

西汉南越国（前203—前111年）

长19厘米、宽18.3厘米

1997年广州南越国宫署遗址出土

南越王博物院藏

　　联罐主要流行于西汉前期，有双联、三联、四联和五联等数种形式。联罐流行至西汉后期，东汉时期已消失不见。除联罐外，还有联体盒，不过数量较少。

陶鸠

西汉南越国（前 203—前 111 年）

长 12.3 厘米

2009 年广州南越国宫署遗址出土

南越王博物院藏

　　据《后汉书·志·礼仪中》记载："年始七十者，授之以玉杖，餔之以糜粥。八十九十，礼有加赐，王杖长（九）尺，端以鸠鸟之为饰。鸠者，不噎之鸟也。欲老人不噎。"先秦时期，鸠鸟就是长生不老的象征，《周礼》中有周人献

鸠敬老的记载。2010 年曾在广州西湾路旧铸管厂 151 号墓出土一件铜鸠杖首。这是岭南地区效仿汉王朝实行尊老、推崇仁孝政策的见证。

铜席镇

西汉南越国（前 203—前 111 年）

高 7.2 厘米、腹径 8.2 厘米

2015 年广西贺州贺街出土

广西贺州市博物馆藏

　　席镇呈圆形体，内空。顶部有环形纽，纽下饰四组对称旋转涡纹。
腹壁减地剔刻一周龙凤纹。

铜壶

西汉南越国（前 203—前 111 年）

高 26.4 厘米、口径 8 厘米、腹径 16.7 厘米

1982 年广州柳园岗 11 号墓出土

广州市文物考古研究院（南汉二陵博物馆）藏

　　短颈，直口，鼓腹，圜底。广圈足如喇叭筒形，上部镂空作三角形孔。腹部以中原地区青铜器中常见的雷纹作装饰。木盖，髹黑漆。

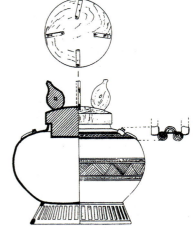

铜瓿

西汉南越国（前 203—前 111 年）

高 18.5 厘米、口径 8.5 厘米、腹径 19 厘米

1982 年广州柳园岗 11 号墓出土

广州市文物考古研究院（南汉二陵博物馆）藏

　　造型别致，形似壶，直唇，圆腹，附镂空的圈足。
器腹饰雷纹和编织纹，这与岭南地区越族铜鼓上常见的
纹饰相类。木盖，髹漆。

海路初开

番禺北倚五岭，南濒大海，地处珠江三角洲腹地和东、西、北三江交汇处，内河航运可通广西、贵州，经灵渠通长江水系，经海道向东可通闽越、吴越，向西可达重要港口徐闻、合浦。出土文物表明，番禺作为岭南地区一个重要的河港兼海港，不仅是沟通中国内陆并联通海外的重要海陆交通枢纽，而且早在西汉南越国时期就已通过海上交通与东南亚、南亚等地开展贸易往来和文化交流。

文献资料记载，越人善舟，习于航海。广东和广西考古发现的船纹图像、木（陶）船模型表明，秦汉时期岭南已拥有相当规模的造船能力和先进的造船工艺，为发展内河和沿海海上交通提供了坚实的基础，是当时岭南地区造船与航运交通发达、商业贸易繁荣的反映，也为后来汉武帝时期大规模的海外通贸提供了可靠的保证。

船纹铜提筒

西汉南越国（前203—前111年）

高40.7厘米、口径35.5厘米、底径33.5厘米

1983年广州南越文王墓东耳室出土

南越王博物院藏

　　根据史籍记载，秦进军岭南和汉武帝平南越时都曾派出楼船之士从水路进攻。这件铜提筒上刻有四组船纹，描绘一支大型作战船队凯旋的场景。船体绘出甲板和橹，船内分舱，满载战利品，还刻绘出海鸟和海鱼。这是目前考古发现中规模最大和最为完备的一组海船图形，表明当时岭南地区已经拥有了较为发达的水上交通。

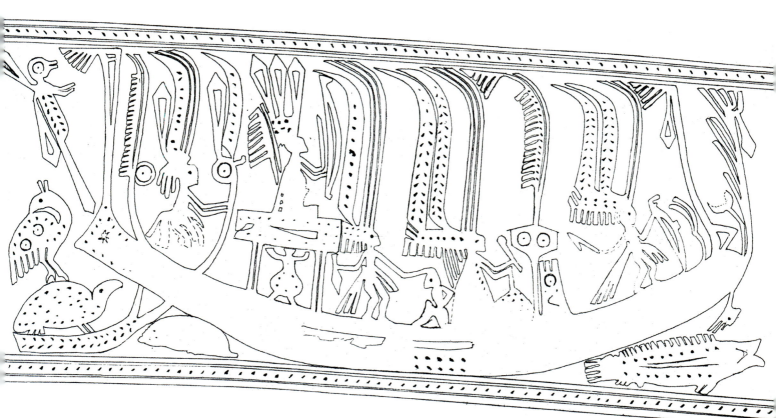

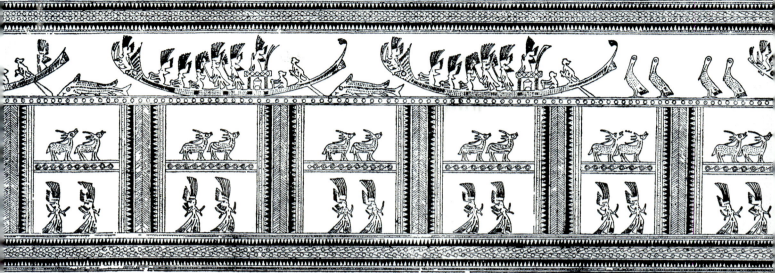

铜鼓

西汉南越国（前 203—前 111 年）

高 36.8 厘米、面径 56.4 厘米、底径 67.8 厘米

1976 年广西贵县（今贵港市）罗泊湾 1 号墓出土

广西壮族自治区博物馆藏

鼓面中心有十二芒太阳纹，芒外有七晕圈，饰栉纹、勾连雷纹、翔鹭和锯齿纹，主晕为十只衔鱼飞翔的鹭鸟。鼓身有九晕圈，饰锯齿纹、圆圈纹和龙舟竞渡、羽人舞蹈图案。其中六组羽人划船纹，船头向右，每船六人，其中三船的划船者全戴羽冠，另三船各有一人裸体；船头下方有衔鱼站立的鹭鸶或水鸟，水中有游动的鱼。鼓足一侧卧刻隶书"百廿斤"。（拍摄者：张磊）

木船模型（复原件）

西汉（前202—8年）
高20.4厘米、长80.1厘米、宽14.2厘米
1957年广州西村黄帝岗2050号墓出土
广州博物馆藏

　　这是在广州汉墓出土的结构、形制保存最完整的一件木船模型。船底由整木凿出，首尾略微翘起，两舷处装上较高的舷板。船中有两舱，舱旁两边有走道。前舱较高，上为四阿盖顶，后舱稍矮，两坡上盖，船尾是一矮小尾舱。船上有五名掌楫的木俑。这是一艘航行于内河的货船。

"船□☑"木简

西汉南越国（前203—前111年）
残长2.2厘米、宽1.5厘米
2004年广州南越国宫署遗址出土
南越王博物院藏

　　《释名》："船，循也，循水而行也。又曰舟，言周流也。"为河流湖泊地区普遍使用的交通工具。《史记·南越列传》："得越船粟"。汉代有大型战船，如《汉书·武帝纪》："楼船将军杨仆出豫章，下浈水；归义越侯严为戈船将军，出零陵，下离水"。推测此枚木简与本书第249页木简为南越船籍。

"□广于故船四分"木简

西汉南越国（前203—前111年）

残长 16.2 厘米、宽 1.55 厘米

2004 年广州南越国宫署遗址出土

南越王博物院藏

　　此简上部残缺，大意是：新造的船比原来的船要大四分。不但从侧面说明南越国时期已建造用于内河或海上航行的船舶，也说明当时的造船技术较以前有了进一步的发展。

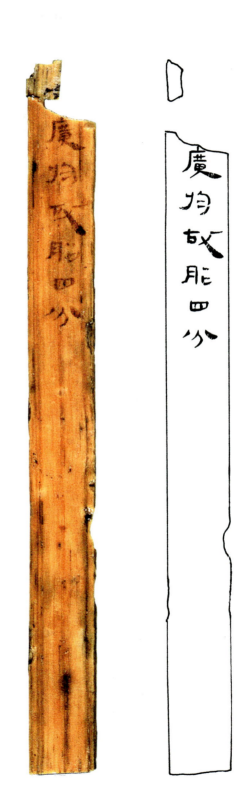

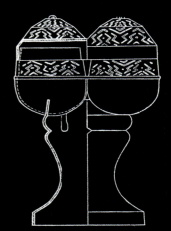

四连体铜熏炉

西汉南越国（前203—前111年）
高16.4厘米、座足上宽6.7厘米、底宽9厘米
1983年广州南越文王墓西耳室出土
南越王博物院藏

　　炉体由四个方口圜底小盒组成，平面呈"田"字形，各小盒互不通连。四个小盒体共一方形炉盖，盖面分四格，亦呈"田"字形，每一小方格顶尖隆起如四阿顶式，各有半环纽一个。盖顶及炉体上部的气孔均作菱形镂空。炉座呈方柱形。座足中空。通体有多层丝绢包裹的痕迹。熏炉是燃熏香料的器具，是广州汉墓最常见的随葬器物之一。南越文王墓

共出土十三件熏炉，包括两件陶熏炉和十一件铜熏炉，广西贵县（今贵港市）罗泊湾2号墓亦出土熏炉，说明南越国时期熏香习俗是贵族阶层的流行风尚。香料的主要产地在东南亚一带，是海上丝绸之路的主要贸易品，南越文王墓出土的树脂类香料乳香就属于海外舶来品。

单体铜熏炉

西汉南越国（前 203—前 111 年）

高 17.6 厘米

1983 年广州南越文王墓东侧室出土

南越王博物院藏

炉体呈方形，腹较深，柄呈方柱形，座呈方形。子口合盖。盖呈覆斗形，顶中部有一环形纽套一圆环。盖与炉体均有波形纹的镂孔。出土时全器有丝绢包裹的遗痕。

陶熏炉

西汉南越国（前203—前111年）

高8.5厘米、腹径9.4厘米、圈足径5.6厘米

1983年广州南越文王墓西侧室出土

南越王博物院藏

　　炉体如豆，浅腹圜底，下附喇叭形座足。子口合盖，盖顶有立鸟形纽。盖面刻镂几何图形气孔。器表施褐色薄釉。

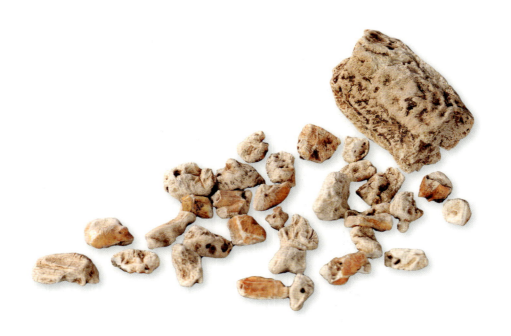

乳香

西汉南越国（前203—前111年）

重21.22克

1983年广州南越文王墓西耳室出土

南越王博物院藏

　　原装盛在一漆盒内。经测定为树脂类，这类香料主要产于阿拉伯地区的红海沿岸，是海上丝绸之路上重要的商贸产品。

西汉南越国时期遗址和墓葬中出土的大量具有域外风格和受域外文化影响而产生的遗迹和遗物，是南越国与海外文化发生多方面联系的见证。

弯月形水池中的八棱形石望柱

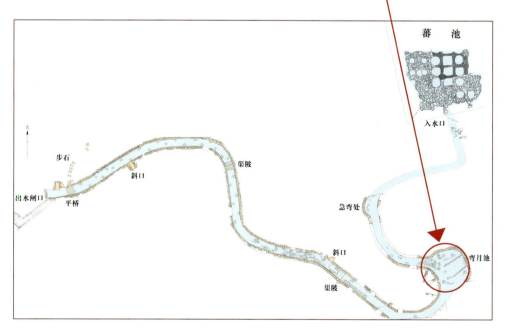

广州南越国宫署遗址曲流石渠平面示意图

广州南越国宫署遗址石构水池中倾倒的叠石柱

古希腊提洛岛的叠石柱

　　广州南越国宫署遗址石构水池中的叠石柱遗存，反映出其与地中海沿岸的古希腊遗存之间可能存在一定的联系。

南越国宫苑大量使用八棱形石柱、八棱形石望柱，应是通过海上丝绸之路受到印度文化影响的结果。公元前3世纪至公元前1世纪，印度石窟和佛塔等流行用八棱形石柱。开凿于公元前2世纪的印度巴贾石窟，位于印度古代"香料之路"上，是阿拉伯海向东到德干高原的重要中转站。

八棱石望柱

西汉南越国（前203—前111年）
残高61厘米、柱身径12.8厘米
1995年广州南越国宫署遗址出土
南越王博物院藏

　　柱身呈八棱形，方形底座下有凸榫。这种类型的石柱形制不是当时岭南地区的传统形制，在中国古代建筑史上尚属首次发现。

印度巴贾石窟第12窟的八棱形石柱

青釉"万岁"瓦当

西汉南越国（前203—前111年）
残长 9.5 厘米、残宽 7.5 厘米
1997 年广州南越国宫署遗址出土
南越王博物院藏

经检测，此件瓦当上的玻璃釉与当时中国常见的釉不同，属钠钾玻璃釉，与公元前 3 世纪印度哈斯蒂纳珀地区的玻璃成分十分接近，其制作工艺可能从海外传入。这是我国目前发现年代最早的釉瓦实例，也是我国海上丝绸之路发端于秦汉时期的重要证物。

青釉筒瓦

西汉南越国（前203—前111年）
残长 34 厘米、筒径 16.5 厘米
1995 年广州南越国宫署遗址出土
南越王博物院藏

灰白胎。表面挂青釉，饰粗绳纹与凹弦纹，内面拍印凸圆点。

珠饰

西汉南越国（前 203—前 111 年）

114 颗

2000 年广州恒福路银行疗养院 21 号墓出土

广州市文物考古研究院（南汉二陵博物馆）藏

此串珠出于女性墓主腰旁的残漆匣内。珠饰由形状、色泽各异的玛瑙、水晶、金、玉、玻璃、琥珀珠组成，包含了多种文化因素。其中的十二面焊珠金球在广州地区仅出土三件。有专家认为，金球体现了地中海沿岸流行的金工技法，是通过海上交通贸易输入到岭南的域外珍玩。

蜻蜓眼玻璃珠

西汉南越国（前 203—前 111 年）

直径 2.1 厘米、高 1.6 厘米

1983 年广州南越文王墓西耳室出土

南越王博物院藏

玻璃珠呈扁圆算珠形，中有一孔，表面有绿、白两色"蜻蜓眼"，并有白色小点排成双线菱形纹饰。蜻蜓眼玻璃珠由古埃及人发明，后来制作技术为腓尼基人和波斯人所掌握。这种风格的珠子，在春秋战国时期就已经传入我国。其含铅量较高，可能是受海外珠饰的影响，按西方玻璃珠的样式仿制的。

①
②

玻璃珠

西汉南越国（前203—前111年）
① 长1.6厘米
② 长1.2厘米
1975年广西贺州铺门汉墓出土
广西贺州市博物馆藏

　　此珠经检测为钠钙玻璃，是仿玛瑙的珠饰，主要流传在帕提亚帝国时期的伊朗地区和罗马帝国时期的地中海沿岸。其成分中的三氧化二锑是典型的西方乳浊剂，传入我国的时间约在公元前8世纪至公元1世纪之间。

玛瑙珠

西汉南越国（前203—前111年）
高2.4厘米、腹径1.5厘米
1975年广西贺州铺门汉墓出土
广西贺州市博物馆藏

　　外形似鼓，两端小，中间大。两端的端面平，纵面中心有一穿孔，通体以黑色为基色，其间夹杂有十道白色条纹，各条纹宽窄不一，但十分规整。

玻璃串珠

西汉南越国（前 203—前 111 年）

最大直径 0.8 厘米、最小直径 0.3 厘米

1975 年广西贺州铺门汉墓出土

广西贺州市博物馆藏

此珠饰经检测为铅钡琉璃。由十一颗大小不一的珠子组成，每颗珠子略呈算盘子形，中部穿孔。

这些珠饰经检测为钾玻璃，是具有典型的海上丝绸之路风格的器物。这种类型的珠饰在岭南的广州、贺州、合浦等地多有发现。贺州西汉墓出土的钾玻璃珠饰颜色丰富。器形不仅有六面双锥形，还有算盘子形等。

玻璃珠

西汉南越国（前 203—前 111 年）
长 2.6 厘米
1975 年广西贺州铺门汉墓出土
广西贺州市博物馆藏

珠饰呈六面双锥体形，两端小，中间鼓。纵有一穿孔。

玻璃串珠

西汉南越国（前 203—前 111 年）
最大直径 0.8 厘米、最小直径 0.3 厘米
1975 年广西贺州铺门汉墓出土
广西贺州市博物馆藏

玻璃串珠

西汉南越国（前 203—前 111 年）

最大直径 0.4 厘米、最小直径 0.25 厘米

1975 年广西贺州铺门汉墓出土

广西贺州市博物馆藏

由三十四颗大小不一的珠子组成，每颗珠子略呈算盘子形，中部穿孔。

玻璃串珠

西汉南越国（前 203—前 111 年）

最大直径 0.6 厘米、最小直径 0.5 厘米

1975 年广西贺州铺门汉墓出土

广西贺州市博物馆藏

由七颗算盘子形、大小不一的珠子组成。

玛瑙珠

西汉南越国（前 203—前 111 年）

长 1.2 厘米

1975 年广西贺州铺门汉墓出土

广西贺州市博物馆藏

经中国科学院上海光学精密机械研究所科技考古中心测定，此珠为红色玉髓。这种类型的珠饰在我国的新疆吐鲁番地区、湖南等地均有发现，但数量相对较少。吐鲁番地区是西亚、中亚地区经天山与我国联系的必经之地，而湖南则处于岭南地区与中原内陆地区联系的交通要道。从珠饰的出土地点来看，它们可能是从西亚、中亚地区经新疆，进入我国内陆，然后经湖南传入贺州等岭南地区。

① 　② 　③

玛瑙珠

西汉南越国（前 203—前 111 年）

① 长 1.6 厘米

② 长 1.8 厘米

③ 长 3 厘米

1975 年广西贺州铺门汉墓出土

广西贺州市博物馆藏

这三种玛瑙珠属于典型海上丝绸之路风格的珠饰，起源于南亚地区，随着相关地区之间的交流日渐频繁，此种珠饰和相关的制作工艺也广泛流传。

焊珠金花泡

西汉南越国（前203—前111年）

直径 1.1 厘米

1983 年广州南越文王墓主棺室、东侧室出土

南越王博物院藏

　　南越文王墓共出土近四十枚金花泡，制作工艺精湛。呈半球形，泡面用金丝焊接出圆形、心形、辫索形等多种立体图案，也有用四粒小金珠焊接成圆珠形图样。根据学者研究，这种焊珠工艺在西亚两河流域乌尔第一王朝时期（前4000年）就已经出现，随后流行于古埃及、克里特和波斯等地，公元前4世纪亚历山大东征以后流传到印度。墓中出土的金花泡所使用的焊珠工艺很可能与海上交通有关。

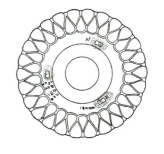

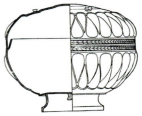

银盒

西汉南越国（前203—前111年）

通高12.1厘米、腹径14.8厘米、口径13厘米、

圈足高1.8厘米、圈足径6.9厘米、器重572.6克

1983年广州南越文王墓主棺室出土

南越王博物院藏

　　盖与身相合呈扁球形，相合处上下缘各饰一匝穗状纹带，表面有薄的鎏金。盖身与盒身的外周有对向交错的凸瓣，以模子锤鍱而成。盖面上有银焊的三个小凸榫，分别刻有铭文"名曰百卅一""一斤四两右游一私官容三升大半口"。银盒底部附加一个鎏金的铜圈足，底部原有三处铭文："之三""私官容☒""☒名曰"。此银盒的造型与纹饰与汉代及以前中国容器的传统风格迥异，是用锤鍱法在金属器上压印出凸瓣纹。这种金属加工技法在古波斯阿契米德王朝时兴盛起来，可追溯到亚述时期。

　　汉武帝元鼎六年（前111年）灭南越国后，分其地设南海、合浦、苍梧、郁林、交趾、九真、日南、儋耳和珠崖九郡，岭南重归中央王朝的直接管辖。岭南与中原的联系和交流得到进一步加强，在政治、经济、文化等各方面都与中央王朝渐趋融合，成为多元一体的中华文明不可分割的一部分。

　　汉武帝在南越国已开辟南海交通的基础上，进一步拓展对外交通贸易，派出使节出使南海诸国。大规模官办商船出海从事官方对外贸易，标志着海上丝绸之路的正式形成。

In 111 BC, Emperor Wu of the Han Dynasty conquered the Nanyue Kingdom and set up nine counties, which made the region returned to the control of the central government. Since then, the economic and cultural exchanges between Lingnan and the Central Plains had been promoted. Through the aspects of politics, economy and culture, Lingnan region gradually merged and finally became an indispensable part of the pluralistic and integrated Chinese civilization.

Based on the South China Sea traffic developed by Nanyue Kingdom, Emperor Wu further expanded the maritime routes and sent envoys to the South China Sea States. Large-scale official merchant fleets set sail to engage in official foreign trade, marking the formal formation of the Maritime Silk Road.

在广州南越国宫署遗址发现了红烧土层或成层炭屑，其下掩埋着残缺板瓦、筒瓦和"万岁"篆字瓦当及卷云纹瓦当，筒瓦中有"公""官""卢"等文字戳印。此处当为被火焚毁的南越国宫室建筑，与《史记·南越列传》所载汉武帝元鼎六年（前111年）"楼船攻败越人，纵火烧城"的记载一致。

广州南越国宫署遗址中经大火烧毁倒塌的建筑堆积

《史记·货殖列传》　　　　　《汉书·地理志》

《史记·货殖列传》："番禺亦其一都会也，珠玑、犀、瑇瑁、果、布之凑。"
《汉书·地理志》记载，汉武帝时派遣使节远航至黄支国等地，进行贸易和友好往来。
汉代的广州已然是商贾云集、海外珍奇辐辏之地。

陶船模型（复制件）

东汉（25—220 年）

高 16 厘米、长 54 厘米、前宽 8.5 厘米、中宽 15.5 厘米、后宽 11.5 厘米

1955 年广州沙河顶 5080 号墓出土

广州博物馆藏

　　船体呈长条形，首尾狭，中部较宽，底平。船前有锚，船后有舵。船内分前、中、后三舱。前舱低矮宽阔，篷顶作拱形。中舱略高，呈方形，上有圆形微凸篷盖。后舱稍狭且高，为舵楼。船尾还有一矮小的尾楼。船上有六俑。这是目前考古发掘最完整，也是世界上最早出现船舵的陶船模型，原件现藏于中国国家博物馆。

"万岁"瓦当
东汉（25—220 年）
当径 15.5 厘米
1997 年广州南越国宫署遗址出土
南越王博物院藏

"万岁"瓦当
东汉（25—220 年）
当径 13.6 厘米、当厚 1.1 厘米、瓦筒残长 4.47 厘米
1997 年广州南越国宫署遗址出土
南越王博物院藏

"万岁"瓦当

东汉（25—220 年）

当径 15.7 厘米、当厚 1.8 厘米、瓦筒残长 10.4 厘米

1997 年广州南越国宫署遗址出土

南越王博物院藏

"万岁"瓦当

东汉（25—220 年）

当径 15 厘米、当厚 1.4 厘米、瓦筒残长 2.9 厘米

1997 年广州南越国宫署遗址出土

南越王博物院藏

云纹瓦当

东汉（25—220 年）

当径 14.1 厘米、当厚 1 厘米、瓦筒残长 8 厘米

1997 年广州南越国宫署遗址出土

南越王博物院藏

当心圆周内一大乳丁，当面用双竖线分隔为四界格，格内饰蘑菇形云纹。

云纹瓦当

东汉（25—220 年）

当径 14.4 厘米、当厚 2.5 厘米、瓦筒残长 3.2 厘米

1997 年广州南越国宫署遗址出土

南越王博物院藏

绳纹筒瓦

东汉（25—220 年）

长 35.5 厘米、筒径 14.5 厘米

1995 年广州南越国宫署遗址出土

南越王博物院藏

印花长方砖

东汉（25—220 年）

长 32.5 厘米、宽 15.3 厘米、厚 5.6 厘米

1997 年广州南越国宫署遗址出土

南越王博物院藏

汉武帝平南越后，在汉文化的强力推进下，在两广地区的墓葬中出现了一些新的器形以及井、灶、仓、楼舍等模型明器。到了东汉，大量专门用于随葬的明器出现，尤其是象征庄园经济生活的井、灶、仓、楼等建筑模型和家禽、家畜动物模型，地区文化风貌与中原汉文化逐渐趋同。

陶屋模型

东汉（25—220 年）

高 21.4 厘米；平面长 23.8 厘米、宽 22.8 厘米

1997 年广州南越国宫署遗址出土

南越王博物院藏

曲尺形建筑，开两门，后院为栅栏围成的猪圈，有一猪正在进食。

鹿角打水挂钩

东汉（25—220 年）

长 16.8 厘米

2006 年广州南越国宫署遗址出土

南越王博物院藏

陶井模型

东汉（25—220 年）

高 12.6 厘米、口径 13 厘米、底径 15.2 厘米

1995 年广州南越国宫署遗址出土

南越王博物院藏

　　圆筒形井栏，周沿有四个对称的方形柱础，中间圆孔纳柱，木柱和井亭已失。

"五铢"铜钱

汉（前202—220年）

钱径2.1~2.3厘米

1997年广州南越国宫署遗址出土

南越王博物院藏

"五铢"铜钱

汉（前202—220年）

钱径2.5~2.6厘米

1997年广州南越国宫署遗址出土

南越王博物院藏

新莽"货泉"铜钱
新莽（9—23 年）
钱径 2.22~2.48 厘米
1997 年广州南越国宫署遗址出土
南越王博物院藏

新莽"大泉五十"铜钱

新莽（9—23年）

钱径 2.64~2.7 厘米

1997 年广州南越国宫署遗址出土

南越王博物院藏

结　语

　　为深入学习贯彻党的二十大精神，增强中华文明传播力、影响力，讲好中国故事、传播好中国声音，展现可信、可爱、可敬的中国形象，推动中华文化更好地走向世界，南越王博物院推出了建院后首个基本陈列"秦汉南疆——南越国历史专题陈列"，期望通过展示院藏精品文物和最新考古研究成果，从中华文明的塑造构建、基因传承、融会交流等角度，在秦汉时期统一盛世的视野之下展示岭南地区辉煌的古代历史文化面貌与特色，呈现秦汉时期岭南地区家国一体的政治文化格局，在让观众对西汉南越国的历史有更加深入了解的同时，推动全社会进一步增强历史自觉、坚定文化自信、铸牢中华民族共同体意识，为实现中华民族伟大复兴汇聚磅礴的精神力量。

Conclusion

In order to deepen the study and implementation of the spirit of the 20th National Congress of the Communist Party of China, enhance the influence of the dissemination of Chinese civilization, tell Chinese stories well, spread the voice of China well, display a trustworthy, lovely, and respectable image of China, and promote the better integration of Chinese culture into the world, Nanyue King Museum has launched its first basic exhibition since its establishment, titled "The Special Exhibition on the History of Nanyue Kingdom in Southern China during the Qin and Han Dynasties". We hope to showcase the magnificent ancient historical and cultural landscape and characteristics of Lingnan region from the perspectives of shaping and constructing Chinese civilization, inheriting genes, and integrating and exchanging the latest archaeological research achievements, and to present the political and cultural pattern of the integration of family and country in Lingnan region during the Qin and Han dynasties, from the perspective of the unified prosperity of the Qin and Han dynasties. The audience are allowed to have a deeper understanding of the history of the Western Han and Nanyue Kingdom. It could promote the entire society to further enhance historical consciousness, strengthen cultural confidence, and forge a strong sense of community among the Chinese nation, in order to gather a magnificent spiritual force for achieving the great rejuvenation of the Chinese nation.

南越国大事年表

公元前 221 年	秦统一六国。
公元前 219 年	秦始皇发动五十万大军进军岭南。
公元前 214 年	秦平定岭南，置桂林郡、南海郡、象郡三郡。任嚣为南海郡尉，赵佗任龙川县令。
公元前 208 年	南海郡尉任嚣病危，赵佗代行南海郡尉。
公元前 207 年	秦朝灭亡。
公元前 203 年	赵佗建立南越国，定都番禺（今广州），自号"南越武王"。
公元前 202 年	刘邦建立西汉政权，是为汉高祖。
公元前 196 年	汉高祖派遣陆贾出使南越，册封赵佗为南越王。
公元前 187 年	吕后掌政，其间对南越国实行"别异蛮夷，隔绝器物"的政策。
公元前 183 年	赵佗为对抗吕后，自尊为"南越武帝"，发兵攻打长沙国。
公元前 181 年	吕后发兵征讨南越，进展不利。
公元前 180 年	吕后逝世，汉文帝即位。
公元前 179 年	汉文帝派陆贾再次出使南越，说服赵佗归汉。赵佗去帝号，上书称臣。
公元前 137 年	赵佗逝世，在位 67 年。佗孙赵眜（胡）继位。
公元前 135 年	闽越攻南越，汉兴兵助南越，征闽越王郢。赵眜（胡）遣太子赵婴齐入长安宿卫。
公元前 122 年	赵眜（胡）逝世。太子赵婴齐继位。
公元前 113 年	赵婴齐逝世。太子赵兴继位。
公元前 112 年	南越国丞相吕嘉叛乱，杀赵兴、樛太后及汉使者，赵婴齐长子赵建德继位。 汉武帝派十万大军分五路平定南越。
公元前 111 年	汉军攻破番禺城，纵火烧城，南越国灭。

文物检索表

序号	名称	文物号	年代	出土地点	资料来源	页码
1	人操蛇铜托座	D19-2	西汉南越国（前203—前111年）	1983年广州南越文王墓主棺室出土	广州市文物管理委员会、中国社会科学院考古研究所、广东省博物馆编著：《西汉南越王墓》，文物出版社1991年版	011
2	蟠龙铜托座	D106-2	西汉南越国（前203—前111年）	1983年广州南越文王墓主棺室出土	广州市文物管理委员会、中国社会科学院考古研究所、广东省博物馆编著：《西汉南越王墓》，文物出版社1991年版	012
3	朱雀铜顶饰	D105-2	西汉南越国（前203—前111年）	1983年广州南越文王墓主棺室出土	广州市文物管理委员会、中国社会科学院考古研究所、广东省博物馆编著：《西汉南越王墓》，文物出版社1991年版	013
4	铜戈	M4:10	秦（前221—前207年）	1962年广州区庄罗冈秦墓出土	广州市文物管理委员会：《广州东郊罗冈秦墓发掘简报》，《考古》1962年第8期	017
5	"张仪"铜戈	B25	西汉南越国（前203—前111年）	1983年广州南越文王墓东耳室出土	广州市文物管理委员会、中国社会科学院考古研究所、广东省博物馆编著：《西汉南越王墓》，文物出版社1991年版	018
6	铜戈	B103	西汉南越国（前203—前111年）	1983年广州南越文王墓东耳室出土	广州市文物管理委员会、中国社会科学院考古研究所、广东省博物馆编著：《西汉南越王墓》，文物出版社1991年版	019
7	铜箭镞	97T1J17③:9	秦（前221—前207年）	1997年广州南越国宫署遗址出土	南越王宫博物馆筹建处、广州市文物考古研究所编著：《南越宫苑遗址》，文物出版社2008年版	020
8	铜箭镞	97T1J17③:10	秦（前221—前207年）	1997年广州南越国宫署遗址出土	南越王宫博物馆筹建处、广州市文物考古研究所编著：《南越宫苑遗址》，文物出版社2008年版	020
9	铁铤铜镞	97T1J17③:8	秦（前221—前207年）	1997年广州南越国宫署遗址出土	南越王宫博物馆筹建处、广州市文物考古研究所编著：《南越宫苑遗址》，文物出版社2008年版	020
10	铁铤铜镞	97T1J17③:11	秦（前221—前207年）	1997年广州南越国宫署遗址出土	南越王宫博物馆筹建处、广州市文物考古研究所编著：《南越宫苑遗址》，文物出版社2008年版	020

（续上表）

序号	名称	文物号	年代	出土地点	资料来源	页码
11	铜箭镞	D21	西汉南越国 （前203—前111年）	1983年广州 南越文王墓 主棺室出土	广州市文物管理委员会、中国社会科学院考古研究所、广东省博物馆编著：《西汉南越王墓》，文物出版社1991年版	021
12	蒜头瓶	G56	西汉南越国 （前203—前111年）	1983年广州 南越文王墓 后藏室出土	广州市文物管理委员会、中国社会科学院考古研究所、广东省博物馆编著：《西汉南越王墓》，文物出版社1991年版	022
13	铁矛	97T1J17③:12	秦 （前221—前207年）	1997年广州南越国 宫署遗址出土	南越王宫博物馆筹建处、广州市文物考古研究所编著：《南越宫苑遗址》，文物出版社2008年版	024
14	"女市"铭 陶片	2009JG40⑦:2	秦 （前221—前207年）	2009年广州南越国 宫署遗址出土		024
15	云纹瓦当	97T1J17③:16	秦 （前221—前207年）	1997年广州南越国 宫署遗址出土	南越王宫博物馆筹建处、广州市文物考古研究所编著：《南越宫苑遗址》，文物出版社2008年版	025
16	云箭纹瓦当	94TGⅢ⑧:1	秦 （前221—前207年）	1994年广州南越国 宫署遗址出土	南越王宫博物馆筹建处、广州市文物考古研究所编著：《南越宫苑遗址》，文物出版社2008年版	026
17	云箭纹瓦当	2007JG23始掘 面下J387:1	秦 （前221—前207年）	2007年广州南越国 宫署遗址出土	广州市文物考古研究院、中国社会科学院考古研究所、南越王博物院编著：《南越国宫署遗址出土瓦当选录》，科学出版社2021年版	027
18	"蕃禺"铭 漆盒	M1097:53	秦 （前221—前207年）	1953年广州 西村石头岗出土	中国社会科学院考古研究所、广州市文物管理委员会、广州市博物馆编：《广州汉墓》，文物出版社1981年版	028
19	陶釜	97T1J17③:17	秦 （前221—前207年）	1997年广州南越国 宫署遗址出土	南越王宫博物馆筹建处、广州市文物考古研究所编著：《南越宫苑遗址》，文物出版社2008年版	029
20	青釉三足陶盒	94TGⅢ⑧:2	秦 （前221—前207年）	1994年广州南越国 宫署遗址出土	南越王宫博物馆筹建处、广州市文物考古研究所编著：《南越宫苑遗址》，文物出版社2008年版	029

285

（续上表）

序号	名称	文物号	年代	出土地点	资料来源	页码
29	"泰子"金印	D81	西汉南越国 （前203—前111年）	1983年广州 南越文王墓 主棺室出土	广州市文物管理委员会、中国社会科学院考古研究所、广东省博物馆编著：《西汉南越王墓》，文物出版社1991年版	041
30	"泰子"玉印	D80	西汉南越国 （前203—前111年）	1983年广州 南越文王墓 主棺室出土	广州市文物管理委员会、中国社会科学院考古研究所、广东省博物馆编著：《西汉南越王墓》，文物出版社1991年版	042
31	丝缕玉衣	D50	西汉南越国 （前203—前111年）	1983年广州 南越文王墓 主棺室出土	广州市文物管理委员会、中国社会科学院考古研究所、广东省博物馆编著：《西汉南越王墓》，文物出版社1991年版	043

序号	名称	文物号	年代	出土地点	资料来源	页码
21	陶器盖	97T1J17③:4	秦 （前221—前207年）	1997年广州南越国宫署遗址出土	南越王宫博物馆筹建处、广州市文物考古研究所编著：《南越宫苑遗址》，文物出版社2008年版	030
22	陶盒	97T1J17③:7	秦 （前221—前207年）	1997年广州南越国宫署遗址出土	南越王宫博物馆筹建处、广州市文物考古研究所编著：《南越宫苑遗址》，文物出版社2008年版	030
23	"高乐"铭陶瓮		西汉南越国 （前203—前111年）	2010年广州西湾路旧广州铸管厂工地10号墓出土		032
24	"高乐"铭板瓦	97T24⑧b:4	西汉南越国 （前203—前111年）	1997年广州南越国宫署遗址出土	南越王宫博物馆筹建处、广州市文物考古研究所编著：《南越宫苑遗址》，文物出版社2008年版	033
25	"赵佗"铜印	63248	秦至西汉 （前221—8年）			037
26	"华音宫"铭器盖戏片	2003T105⑫:1	西汉南越国 （前203—前111年）	2003年广州南越国二号宫殿基址出土	广州市文物考古研究所、中国社会科学院考古研究所、南越王宫博物馆筹建处：《广州市南越国宫署遗址2003年发掘简报》，《考古》2007年第3期；南越王宫博物馆筹建处、广州市文物考古研究所编著：《南越宫苑遗址》，文物出版社2008年版	038
27	"受不能囤痛廼往二日中陛下"木简	简116	西汉南越国 （前203—前111年）	2004年广州南越国宫署遗址出土	广州市文物考古研究所、中国社会科学院考古研究所、南越王宫博物馆筹建处：《广州市南越国宫署遗址西汉木简发掘简报》，《考古》2006年第3期；广州市文物考古研究院、中国社会科学院考古研究所、南越王博物院编著：《南越木简》，文物出版社2022年版	039
28	"王所财（赐）泰子今案齒十一岁高六尺一寸身圊毋狠伤"木简	简017	西汉南越国 （前203—前111年）	2004年广州南越国宫署遗址出土	广州市文物考古研究所、中国社会科学院考古研究所、南越王宫博物馆筹建处：《广州市南越国宫署遗址西汉木简发掘简报》，《考古》2006年第3期；广州市文物考古研究院、中国社会科学院考古研究所、南越王博物院编著：《南越木简》，文物出版社2022年版	040

序号	名称	文物号	年代	出土地点	资料来源	页码
39	铜甬钟	B95-2	西汉南越国 （前203—前111年）	1983年广州南越文王墓东耳室出土	广州市文物管理委员会、中国社会科学院考古研究所、广东省博物馆编著：《西汉南越王墓》，文物出版社1991年版	052
40	石编磬	B98	西汉南越国 （前203—前111年）	1983年广州南越文王墓东耳室出土	广州市文物管理委员会、中国社会科学院考古研究所、广东省博物馆编著：《西汉南越王墓》，文物出版社1991年版	053
41	墓主人组玉佩	D166、D77、D121、D84	西汉南越国 （前203—前111年）	1983年广州南越文王墓主棺室出土	广州市文物管理委员会、中国社会科学院考古研究所、广东省博物馆编著：《西汉南越王墓》，文物出版社1991年版	054

（续上表）

序号	名称	文物号	年代	出土地点	资料来源	页码
50	"蕃"字铜匜	F56	西汉南越国 （前203—前111年）	1983年广州 南越文王墓 西侧室出土	广州市文物管理委员会、中国社会科学院考古研究所、广东省博物馆编著：《西汉南越王墓》，文物出版社1991年版	064
51	"蕃禺"铜壶	G46	西汉南越国 （前203—前111年）	1983年广州 南越文王墓 后藏室出土	广州市文物管理委员会、中国社会科学院考古研究所、广东省博物馆编著：《西汉南越王墓》，文物出版社1991年版	065
52	"☑□距上莫蕃翟蒿蒿蕃池□离离吾都卑"木简	简026	西汉南越国 （前203—前111年）	2004年广州南越国宫署遗址出土	广州市文物考古研究院、中国社会科学院考古研究所、南越王博物院编著：《南越木简》，文物出版社2022年版	066
53	"☑张成故公主诞舍人廿六年七月属　将常使□□□蕃禺人"木简	简091	西汉南越国 （前203—前111年）	2004年广州南越国宫署遗址出土	广州市文物考古研究院、中国社会科学院考古研究所、南越王宫博物馆筹建处：《广州市南越国宫署遗址西汉木简发掘简报》，《考古》2006年第3期；广州市文物考古研究院、中国社会科学院考古研究所、南越王博物院编著：《南越木简》，文物出版社2022年版	067
54	"未央"铭陶罐残片	2003T205⑬:1	西汉南越国 （前203—前111年）	2003年广州南越国宫署遗址出土	广州市文物考古研究所、中国社会科学院考古研究所、南越王宫博物馆筹建处：《广州市南越国宫署遗址2003年发掘简报》，《考古》2007年第3期；南越王宫博物馆筹建处、广州市文物考古研究所编著：《南越宫苑遗址》，文物出版社2008年版	069
55	"长乐宫器"陶瓮	H2	西汉南越国 （前203—前111年）	1983年广州 南越文王墓 外藏椁出土	广州市文物管理委员会、中国社会科学院考古研究所、广东省博物馆编著：《西汉南越王墓》，文物出版社1991年版	070
56	"长乐宫器"陶鼎	C263	西汉南越国 （前203—前111年）	1983年广州 南越文王墓 西耳室出土	广州市文物管理委员会、中国社会科学院考古研究所、广东省博物馆编著：《西汉南越王墓》，文物出版社1991年版	071
57	"长秋居室"陶瓮	M16:6	西汉南越国 （前203—前111年）	1973年广州 淘金坑16号墓 出土	广州市文物管理处：《广州淘金坑的西汉墓》，《考古学报》1974年第1期	072

序号	名称	文物号	年代	出土地点	资料来源	页码
58	"田八版囷给常书内高木宫四版乐复取廿六" 木简	简 054	西汉南越国（前 203—前 111 年）	2004 年广州南越国宫署遗址出土	广州市文物考古研究所、中国社会科学院考古研究所、南越王宫博物馆筹建处：《广州市南越国宫署遗址西汉木简发掘简报》，《考古》2006 年第 3 期；广州市文物考古研究院、中国社会科学院考古研究所、南越王博物院编著：《南越木简》，文物出版社 2022 年版	073
59	"高平甘枣一木第卌三 实四百廿八枚" 木简	简 090	西汉南越国（前 203—前 111 年）	2004 年广州南越国宫署遗址出土	广州市文物考古研究所、中国社会科学院考古研究所、南越王宫博物馆筹建处：《广州市南越国宫署遗址西汉木简发掘简报》，《考古》2006 年第 3 期；广州市文物考古研究院、中国社会科学院考古研究所、南越王博物院编著：《南越木简》，文物出版社 2022 年版	074
60	"癸丑常使气下鸟高平 出入" 木简	简 103	西汉南越国（前 203—前 111 年）	2004 年广州南越国宫署遗址出土	广州市文物考古研究院、中国社会科学院考古研究所、南越王博物院编著：《南越木简》，文物出版社 2022 年版	075
61	涂朱 "万岁" 瓦当	95T5PC:13	西汉南越国（前 203—前 111 年）	1995 年广州南越国宫署遗址出土	南越王宫博物馆筹建处、广州市文物考古研究所编著：《南越宫苑遗址》，文物出版社 2008 年版	079
62	连筒 "万岁" 瓦当	95T5PC:14	西汉南越国（前 203—前 111 年）	1995 年广州南越国宫署遗址出土	南越王宫博物馆筹建处、广州市文物考古研究所编著：《南越宫苑遗址》，文物出版社 2008 年版	079
63	四叶纹瓦当	97T3⑩:4	西汉南越国（前 203—前 111 年）	1997 年广州南越国宫署遗址出土	南越王宫博物馆筹建处、广州市文物考古研究所编著：《南越宫苑遗址》，文物出版社 2008 年版	080
64	云箭纹瓦当	2009JG42⑦:1	西汉南越国（前 203—前 111 年）	2009 年广州南越国宫署遗址出土	广州市文物考古研究院、中国社会科学院考古研究所、南越王博物院编著：《南越国宫署遗址出土瓦当选录》，科学出版社 2021 年版	080
65	熊饰踏跺空心砖	2006T808 JG13H2024:3	西汉南越国（前 203—前 111 年）	2006 年广州南越国宫署遗址出土		081

（续上表）

序号	名称	文物号	年代	出土地点	资料来源	页码
86	"□夫人印"鎏金铜印	E123	西汉南越国（前203—前111年）	1983年广州南越文王墓东侧室出土	广州市文物管理委员会、中国社会科学院考古研究所、广东省博物馆编著：《西汉南越王墓》，文物出版社1991年版	095
87	"常御一斗"铭陶罐残片	97T3SQ①:38	西汉南越国（前203—前111年）	1997年广州南越国宫署遗址出土	南越王宫博物馆筹建处、广州市文物考古研究所编著：《南越宫苑遗址》，文物出版社2008年版	096
88	"常御一石"铭陶罐残片	97T23SQ②:1	西汉南越国（前203—前111年）	1997年广州南越国宫署遗址出土	南越王宫博物馆筹建处、广州市文物考古研究所编著：《南越宫苑遗址》，文物出版社2008年版	097
89	"常御""第六"双耳陶罐	M1:11	西汉南越国（前203—前111年）	1973年广州淘金坑1号墓出土	广州市文物管理处：《广州淘金坑的西汉墓》，《考古学报》1974年第1期	097
90	"泰官"封泥	G130	西汉南越国（前203—前111年）	1983年广州南越文王墓后藏室出土	广州市文物管理委员会、中国社会科学院考古研究所、广东省博物馆编著：《西汉南越王墓》，文物出版社1991年版	098
91	"丙午左北郎冢等下死靈泰官 出入"木简	简099	西汉南越国（前203—前111年）	2004年广州南越国宫署遗址出土	广州市文物考古研究所、中国社会科学院考古研究所、南越王宫博物馆筹建处：《广州市南越国宫署遗址西汉木简发掘简报》，《考古》2006年第3期；广州市文物考古研究院、中国社会科学院考古研究所、南越王博物院编著：《南越木简》，文物出版社2022年版	099
92	"居室""任"铭板瓦	97T21⑩:12	西汉南越国（前203—前111年）	1997年广州南越国宫署遗址出土	南越王宫博物馆筹建处、广州市文物考古研究所编著：《南越宫苑遗址》，文物出版社2008年版	100
93	"居室"铭板瓦	97T20⑩:1	西汉南越国（前203—前111年）	1997年广州南越国宫署遗址出土	南越王宫博物馆筹建处、广州市文物考古研究所编著：《南越宫苑遗址》，文物出版社2008年版	101
94	"使谨揄居室食畜笞地五十"木简	简089	西汉南越国（前203—前111年）	2004年广州南越国宫署遗址出土	广州市文物考古研究院、中国社会科学院考古研究所、南越王博物院编著：《南越木简》，文物出版社2022年版	102

序号	名称	文物号	年代	出土地点	资料来源	页码
95	"戊戌常使将下死鸡居室出入"木简	简095	西汉南越国（前203—前111年）	2004年广州南越国宫署遗址出土	广州市文物考古研究院、中国社会科学院考古研究所、南越王博物院编著：《南越木简》，文物出版社2022年版	103
96	"愍食官脯侍以夜食时往愍脯其时名已先"木简	简079	西汉南越国（前203—前111年）	2004年广州南越国宫署遗址出土	广州市文物考古研究院、中国社会科学院考古研究所、南越王博物院编著：《南越木简》，文物出版社2022年版	104
97	"厨丞之印"封泥	F12	西汉南越国（前203—前111年）	1983年广州南越文王墓西侧室出土	广州市文物管理委员会、中国社会科学院考古研究所、广东省博物馆编著：《西汉南越王墓》，文物出版社1991年版	105
98	"☒□为御府丞𩁾妻诞即使大"木简	简063	西汉南越国（前203—前111年）	2004年广州南越国宫署遗址出土	广州市文物考古研究院、中国社会科学院考古研究所、南越王博物院编著：《南越木简》，文物出版社2022年版	106
99	"鄰乡候印"封泥	G123	西汉南越国（前203—前111年）	1983年广州南越文王墓后藏室出土	广州市文物管理委员会、中国社会科学院考古研究所、广东省博物馆编著：《西汉南越王墓》，文物出版社1991年版	107
100	"殿中"封泥	2004T6G133:1	西汉南越国（前203—前111年）	2004年广州南越国宫署遗址出土	南越王宫博物馆筹建处、广州市文物考古研究所编著：《南越宫苑遗址》，文物出版社2008年版	107
101	"中府啬夫"封泥	97T38⑩:31	西汉南越国（前203—前111年）	1997年广州南越国宫署遗址出土	南越王宫博物馆筹建处、广州市文物考古研究所编著：《南越宫苑遗址》，文物出版社2008年版	108
102	"中共厨"铭陶器盖残片	2004T7H1086:4	西汉南越国（前203—前111年）	2004年广州南越国宫署遗址出土	南越王宫博物馆筹建处、广州市文物考古研究所编著：《南越宫苑遗址》，文物出版社2008年版	108
103	"左官卒窑""左吕"铭板瓦	97T19⑩:7	西汉南越国（前203—前111年）	1997年广州南越国宫署遗址出土	南越王宫博物馆筹建处、广州市文物考古研究所编著：《南越宫苑遗址》，文物出版社2008年版	109
104	"右官"铭板瓦	97T30⑦:5	西汉南越国（前203—前111年）	1997年广州南越国宫署遗址出土	南越王宫博物馆筹建处、广州市文物考古研究所编著：《南越宫苑遗址》，文物出版社2008年版	109

（续上表）

序号	名称	文物号	年代	出土地点	资料来源	页码
105	两翼式铜镞	95T1PC:12	西汉南越国（前203—前111年）	1995年广州南越国宫署遗址出土	南越王宫博物馆筹建处、广州市文物考古研究所编著：《南越宫苑遗址》，文物出版社2008年版	110
106	鎏金铜弩机	D128-1	西汉南越国（前203—前111年）	1983年广州南越文王墓主棺室出土	广州市文物管理委员会、中国社会科学院考古研究所、广东省博物馆编著：《西汉南越王墓》，文物出版社1991年版	111
107	铁矛	95T1PC:11	西汉南越国（前203—前111年）	1995年广州南越国宫署遗址出土	南越王宫博物馆筹建处、广州市文物考古研究所编著：《南越宫苑遗址》，文物出版社2008年版	111
108	错金铜格铁铍	95T1PC:10	西汉南越国（前203—前111年）	1995年广州南越国宫署遗址出土	南越王宫博物馆筹建处、广州市文物考古研究所编著：《南越宫苑遗址》，文物出版社2008年版	112
109	错金银铁矛（筒部）、错金银铜镦	D170、D194	西汉南越国（前203—前111年）	1983年广州南越文王墓主棺室出土	广州市文物管理委员会、中国社会科学院考古研究所、广东省博物馆编著：《西汉南越王墓》，文物出版社1991年版	113
110	铜剑	C103	西汉南越国（前203—前111年）	1983年广州南越文王墓西耳室出土	广州市文物管理委员会、中国社会科学院考古研究所、广东省博物馆编著：《西汉南越王墓》，文物出版社1991年版	114
111	玉具剑	D89、D90、D91、D141、D143	西汉南越国（前203—前111年）	1983年广州南越文王墓主棺室出土	广州市文物管理委员会、中国社会科学院考古研究所、广东省博物馆编著：《西汉南越王墓》，文物出版社1991年版	115
112	"半两"铜钱	97T38⑩:2	秦（前221—前207年）	1997年广州南越国宫署遗址出土	南越王宫博物馆筹建处、广州市文物考古研究所编著：《南越宫苑遗址》，文物出版社2008年版	116
113	鎏金"半两"铜钱	95T2PC:28	西汉南越国（前203—前111年）	1995年广州南越国宫署遗址出土	南越王宫博物馆筹建处、广州市文物考古研究所编著：《南越宫苑遗址》，文物出版社2008年版	116
114	"半两"铜钱	97T38⑩:35	西汉南越国（前203—前111年）	1997年广州南越国宫署遗址出土	南越王宫博物馆筹建处、广州市文物考古研究所编著：《南越宫苑遗址》，文物出版社2008年版	117
115	"半两"铜钱	97T38⑩:36	西汉南越国（前203—前111年）	1997年广州南越国宫署遗址出土	南越王宫博物馆筹建处、广州市文物考古研究所编著：《南越宫苑遗址》，文物出版社2008年版	117

（续上表）

（续上表）

序号	名称	文物号	年代	出土地点	资料来源	页码
116	"半两"铜钱	97T38⑩:48	西汉南越国（前203—前111年）	1997年广州南越国宫署遗址出土	南越王宫博物馆筹建处、广州市文物考古研究所编著：《南越宫苑遗址》，文物出版社2008年版	117
117	"半两"铜钱	97T38⑩:53	西汉南越国（前203—前111年）	1997年广州南越国宫署遗址出土	南越王宫博物馆筹建处、广州市文物考古研究所编著：《南越宫苑遗址》，文物出版社2008年版	117
118	"半两"铜钱	97T38⑩:58	西汉南越国（前203—前111年）	1997年广州南越国宫署遗址出土	南越王宫博物馆筹建处、广州市文物考古研究所编著：《南越宫苑遗址》，文物出版社2008年版	117
119	"半两"铜钱	97T38⑩:119	西汉南越国（前203—前111年）	1997年广州南越国宫署遗址出土	南越王宫博物馆筹建处、广州市文物考古研究所编著：《南越宫苑遗址》，文物出版社2008年版	117
120	金饼	M2:104	西汉南越国（前203—前111年）	1979年广西贵县（今贵港市）罗泊湾2号墓出土	广西壮族自治区博物馆编：《广西贵县罗泊湾汉墓》，文物出版社1988年版	118
121	"野雄鸡七其六雌一雄以四月辛丑属中官租　纵"木简	简073	西汉南越国（前203—前111年）	2004年广州南越国宫署遗址出土	广州市文物考古研究所、中国社会科学院考古研究所、南越王宫博物馆筹建处：《广州市南越国宫署遗址西汉木简发掘简报》，《考古》2006年第3期；广州市文物考古研究院、中国社会科学院考古研究所、南越王博物院编著：《南越木简》，文物出版社2022年版	119
122	"布七斤"铭环纽筒形铜钟	M1:35	西汉南越国（前203—前111年）	1976年广西贵县（今贵港市）罗泊湾1号墓出土	广西壮族自治区博物馆编：《广西贵县罗泊湾汉墓》，文物出版社1988年版	121
123	银洗	G82	西汉南越国（前203—前111年）	1983年广州南越文王墓后藏室出土	广州市文物管理委员会、中国社会科学院考古研究所、广东省博物馆编著：《西汉南越王墓》，文物出版社1991年版	122
124	银卮	C151-7	西汉南越国（前203—前111年）	1983年广州南越文王墓西耳室出土	广州市文物管理委员会、中国社会科学院考古研究所、广东省博物馆编著：《西汉南越王墓》，文物出版社1991年版	123

（续上表）

序号	名称	文物号	年代	出土地点	资料来源	页码
125	铜灯	G62-2	西汉南越国（前203—前111年）	1983年广州南越文王墓后藏室出土	广州市文物管理委员会、中国社会科学院考古研究所、广东省博物馆编著：《西汉南越王墓》，文物出版社1991年版	124
126	铜鼎	G10	西汉南越国（前203—前111年）	1983年广州南越文王墓后藏室出土	广州市文物管理委员会、中国社会科学院考古研究所、广东省博物馆编著：《西汉南越王墓》，文物出版社1991年版	125
127	铜鼎	G9	西汉南越国（前203—前111年）	1983年广州南越文王墓后藏室出土	广州市文物管理委员会、中国社会科学院考古研究所、广东省博物馆编著：《西汉南越王墓》，文物出版社1991年版	126
128	"二斗二升"铜鼎	M1:28	西汉南越国（前203—前111年）	1976年广西贵县（今贵港市）罗泊湾1号墓出土	广西壮族自治区博物馆编：《广西贵县罗泊湾汉墓》，文物出版社1988年版	127
129	南越六简		西汉南越国（前203—前111年）	2004年广州南越国宫署遗址出土	广州市文物考古研究院、中国社会科学院考古研究所、南越王博物院编著：《南越木简》，文物出版社2022年版	128
130	"从器志"木牍	M1:161	西汉南越国（前203—前111年）	1976年广西贵县（今贵港市）罗泊湾1号墓出土	广西壮族自治区博物馆编：《广西贵县罗泊湾汉墓》，文物出版社1988年版	129
131	石砚	A15	西汉南越国（前203—前111年）	1983年广州南越文王墓前室出土	广州市文物管理委员会、中国社会科学院考古研究所、广东省博物馆编著：《西汉南越王墓》，文物出版社1991年版	130
132	墨丸	C130	西汉南越国（前203—前111年）	1983年广州南越文王墓西耳室出土	广州市文物管理委员会、中国社会科学院考古研究所、广东省博物馆编著：《西汉南越王墓》，文物出版社1991年版	130
133	墨书"实祭肉"陶碗	B85	西汉南越国（前203—前111年）	1983年广州南越文王墓东耳室出土	广州市文物管理委员会、中国社会科学院考古研究所、广东省博物馆编著：《西汉南越王墓》，文物出版社1991年版	131
134	"结"字封泥	C162	西汉南越国（前203—前111年）	1983年广州南越文王墓西耳室出土	广州市文物管理委员会、中国社会科学院考古研究所、广东省博物馆编著：《西汉南越王墓》，文物出版社1991年版	132

（续上表）

序号	名称	文物号	年代	出土地点	资料来源	页码
135	"衍"字封泥	E162	西汉南越国 （前203—前111年）	1983年广州 南越文王墓 东侧室出土	广州市文物管理委员会、中国社会科学院考古研究所、广东省博物馆编著：《西汉南越王墓》，文物出版社1991年版	132
136	"王行印" 封泥	326	西汉南越国 （前203—前111年）	1986年广西贺州 铺门汉墓出土	广西壮族自治区文物工作队、贺县文化局：《广西贺县河东高寨西汉墓》，载文物编辑委员会编：《文物资料丛刊》第4辑，文物出版社1981年版	132
137	"工恶"字漆 耳杯		西汉南越国 （前203—前111年）	1997年广州 农林上路四横路 11号墓出土	广州市文物考古研究所：《广州东山发现西汉南越国大型木椁墓出土大批珍贵漆木器》，载广州市文物考古研究所编：《广州文物考古集》，文物出版社1998年版	133
138	"臣偃"玉印	M1175:1	西汉南越国 （前203—前111年）	1956年广州 先烈路麻鹰岗 1175号墓出土	中国社会科学院考古研究所、广州市文物管理委员会、广州市博物馆编：《广州汉墓》，文物出版社1981年版	134
139	"辛偃"玉印	M1175:2	西汉南越国 （前203—前111年）	1956年广州 先烈路麻鹰岗 1175号墓出土	中国社会科学院考古研究所、广州市文物管理委员会、广州市博物馆编：《广州汉墓》，文物出版社1981年版	134
140	"李嘉"玉印	M1180:41	西汉南越国 （前203—前111年）	1957年广州 华侨新村竹园岗 1180号墓出土	中国社会科学院考古研究所、广州市文物管理委员会、广州市博物馆编：《广州汉墓》，文物出版社1981年版	134
141	"赵安" 玛瑙印	M1075:16	西汉南越国 （前203—前111年）	1955年广州 华侨新村玉子岗 1075号墓出土	中国社会科学院考古研究所、广州市文物管理委员会、广州市博物馆编：《广州汉墓》，文物出版社1981年版	134
142	"公"铭 素面砖	97T15SQ②:2	西汉南越国 （前203—前111年）	1997年广州南越国 宫署遗址出土	南越王宫博物馆筹建处、广州市文物考古研究所编著：《南越宫苑遗址》，文物出版社2008年版	135
143	"奴利"铭 筒瓦	97T33H149:48	西汉南越国 （前203—前111年）	1997年广州南越国 宫署遗址出土	南越王宫博物馆筹建处、广州市文物考古研究所编著：《南越宫苑遗址》，文物出版社2008年版	135
144	"王"字铜铎	G86	西汉南越国 （前203—前111年）	1983年广州 南越文王墓 后藏室出土	广州市文物管理委员会、中国社会科学院考古研究所、广东省博物馆编著：《西汉南越王墓》，文物出版社1991年版	136

（续上表）

序号	名称	文物号	年代	出土地点	资料来源	页码
145	错金铭文虎节	C204	西汉南越国 （前203—前111年）	1983年广州 南越文王墓 西耳室出土	广州市文物管理委员会、中国 社会科学院考古研究所、广东 省博物馆编著：《西汉南越王 墓》，文物出版社1991年版	137
146	陶网坠	C128	西汉南越国 （前203—前111年）	1983年广州 南越文王墓 西耳室出土	广州市文物管理委员会、中国 社会科学院考古研究所、广东 省博物馆编著：《西汉南越王 墓》，文物出版社1991年版	138
147	卜龟甲片	D115	西汉南越国 （前203—前111年）	1983年广州 南越文王墓 主棺室出土	广州市文物管理委员会、中国 社会科学院考古研究所、广东 省博物馆编著：《西汉南越王 墓》，文物出版社1991年版	139
148	禾花雀骨骼		西汉南越国 （前203—前111年）	1983年广州 南越文王墓 后藏室出土	广州市文物管理委员会、中国 社会科学院考古研究所、广东 省博物馆编著：《西汉南越王 墓》，文物出版社1991年版	139
149	羚羊角	C33−2	西汉南越国 （前203—前111年）	1983年广州 南越文王墓 西耳室出土	广州市文物管理委员会、中国 社会科学院考古研究所、广东 省博物馆编著：《西汉南越王 墓》，文物出版社1991年版	140
150	梅花鹿角	97T39⑩:28	西汉南越国 （前203—前111年）	1997年广州南越国 宫署遗址出土	南越王宫博物馆筹建处、广州 市文物考古研究所编著：《南越 宫苑遗址》，文物出版社2008 年版	140
151	动物骸骨	2004 T7J264L66:3	西汉南越国 （前203—前111年）	2004年广州南越国 宫署遗址出土	广州市文物考古研究院、中国 社会科学院考古研究所、南越 王博物院编著：《南越木简》， 文物出版社2022年版	141
152	动物遗骸（龟 甲、青蚶、沟 纹笋光螺、耳 状耳螺等）		西汉南越国 （前203—前111年）	1983年广州 南越文王墓 后藏室出土	广州市文物管理委员会、中国 社会科学院考古研究所、广东 省博物馆编著：《西汉南越王 墓》，文物出版社1991年版	141
153	冬瓜种子	FX001J264	西汉南越国 （前203—前111年）	2004年广州南越国 宫署遗址出土	广州市文物考古研究院、中国 社会科学院考古研究所、南越 王博物院编著：《南越木简》， 文物出版社2022年版	142
154	葫芦科种子		西汉南越国 （前203—前111年）	2004年广州南越国 宫署遗址出土	广州市文物考古研究院、中国 社会科学院考古研究所、南越 王博物院编著：《南越木简》， 文物出版社2022年版	142

序号	名称	文物号	年代	出土地点	资料来源	页码
155	荔枝核	2004GEIT7J264	西汉南越国 （前203—前111年）	2004年广州南越国宫署遗址出土	广州市文物考古研究院、中国社会科学院考古研究所、南越王博物院编著：《南越木简》，文物出版社2022年版	142
156	甜瓜种子		西汉南越国 （前203—前111年）	2004年广州南越国宫署遗址出土	广州市文物考古研究院、中国社会科学院考古研究所、南越王博物院编著：《南越木简》，文物出版社2022年版	142
157	杜英种子	2004GEIT7J264	西汉南越国 （前203—前111年）	2004年广州南越国宫署遗址出土	广州市文物考古研究院、中国社会科学院考古研究所、南越王博物院编著：《南越木简》，文物出版社2022年版	143
158	杨梅种子	2004GEIT7J264	西汉南越国 （前203—前111年）	2004年广州南越国宫署遗址出土	广州市文物考古研究院、中国社会科学院考古研究所、南越王博物院编著：《南越木简》，文物出版社2022年版	143
159	葡萄属籽		西汉南越国 （前203—前111年）	2004年广州南越国宫署遗址出土	广州市文物考古研究院、中国社会科学院考古研究所、南越王博物院编著：《南越木简》，文物出版社2022年版	143
160	"牡鹿一" 木简	简078	西汉南越国 （前203—前111年）	2004年广州南越国宫署遗址出土	广州市文物考古研究院、中国社会科学院考古研究所、南越王博物院编著：《南越木简》，文物出版社2022年版	144
161	"野雄鸡六" 木简	简072	西汉南越国 （前203—前111年）	2004年广州南越国宫署遗址出土	广州市文物考古研究院、中国社会科学院考古研究所、南越王博物院编著：《南越木简》，文物出版社2022年版	145
162	"朱劳鸟一☑" 木简	简059-2	西汉南越国 （前203—前111年）	2004年广州南越国宫署遗址出土	广州市文物考古研究院、中国社会科学院考古研究所、南越王博物院编著：《南越木简》，文物出版社2022年版	146
163	"□□□ □□ 紫（紫）离（鹥） 鸟三　白𩾍一" 木简	简009	西汉南越国 （前203—前111年）	2004年广州南越国宫署遗址出土	广州市文物考古研究所、中国社会科学院考古研究所、南越王宫博物馆筹建处：《广州市南越国宫署遗址西汉木简发掘简报》，《考古》2006年第3期；广州市文物考古研究院、中国社会科学院考古研究所、南越王博物院编著：《南越木简》，文物出版社2022年版	147

（续上表）

序号	名称	文物号	年代	出土地点	资料来源	页码
164	"东阳田器志"木牍	M1:163	西汉南越国（前203—前111年）	1976年广西贵县（今贵港市）罗泊湾1号墓出土	广西壮族自治区博物馆编：《广西贵县罗泊湾汉墓》，文物出版社1988年版	148
165	铁臿	B39	西汉南越国（前203—前111年）	1983年广州南越文王墓东耳室出土	广州市文物管理委员会、中国社会科学院考古研究所、广东省博物馆编著：《西汉南越王墓》，文物出版社1991年版	149
166	铁臿	M1:283	西汉南越国（前203—前111年）	1976年广西贵县（今贵港市）罗泊湾1号墓出土	广西壮族自治区博物馆编：《广西贵县罗泊湾汉墓》，文物出版社1988年版	149
167	铁斧	95T2PC:26	西汉南越国（前203—前111年）	1995年广州南越国宫署遗址出土	南越王宫博物馆筹建处、广州市文物考古研究所编著：《南越宫苑遗址》，文物出版社2008年版	150
168	铁锛	C145−62	西汉南越国（前203—前111年）	1983年广州南越文王墓西耳室出土	广州市文物管理委员会、中国社会科学院考古研究所、广东省博物馆编著：《西汉南越王墓》，文物出版社1991年版	150
169	铁鱼钩	F95	西汉南越国（前203—前111年）	1983年广州南越文王墓西侧室出土	广州市文物管理委员会、中国社会科学院考古研究所、广东省博物馆编著：《西汉南越王墓》，文物出版社1991年版	151
170	铁鱼镖	95T1⑤b:14	西汉南越国（前203—前111年）	1995年广州南越国宫署遗址出土	南越王宫博物馆筹建处、广州市文物考古研究所编著：《南越宫苑遗址》，文物出版社2008年版	151
171	铜鼎	C25	西汉南越国（前203—前111年）	1983年广州南越文王墓西耳室出土	广州市文物管理委员会、中国社会科学院考古研究所、广东省博物馆编著：《西汉南越王墓》，文物出版社1991年版	152
172	铜盉	G34	西汉南越国（前203—前111年）	1983年广州南越文王墓后藏室出土	广州市文物管理委员会、中国社会科学院考古研究所、广东省博物馆编著：《西汉南越王墓》，文物出版社1991年版	153
173	铜壶	B49	西汉南越国（前203—前111年）	1983年广州南越文王墓东耳室出土	广州市文物管理委员会、中国社会科学院考古研究所、广东省博物馆编著：《西汉南越王墓》，文物出版社1991年版	154

序号	名称	文物号	年代	出土地点	资料来源	页码
174	漆绘铜壶	M1:14	西汉南越国（前203—前111年）	1976年广西贵县（今贵港市）罗泊湾1号墓出土	广西壮族自治区博物馆编：《广西贵县罗泊湾汉墓》，文物出版社1988年版	155
175	铜钫	B51	西汉南越国（前203—前111年）	1983年广州南越文王墓东耳室出土	广州市文物管理委员会、中国社会科学院考古研究所、广东省博物馆编著：《西汉南越王墓》，文物出版社1991年版	156
176	漆绘铜钫	M1:9	西汉南越国（前203—前111年）	1976年广西贵县（今贵港市）罗泊湾1号墓出土	广西壮族自治区博物馆编：《广西贵县罗泊湾汉墓》，文物出版社1988年版	157
177	绘画铜镜	C145-73	西汉南越国（前203—前111年）	1983年广州南越文王墓西耳室出土	广州市文物管理委员会、中国社会科学院考古研究所、广东省博物馆编著：《西汉南越王墓》，文物出版社1991年版	158
178	铜锅	C93	西汉南越国（前203—前111年）	1983年广州南越文王墓西耳室出土	广州市文物管理委员会、中国社会科学院考古研究所、广东省博物馆编著：《西汉南越王墓》，文物出版社1991年版	160
179	铜鉴	G68	西汉南越国（前203—前111年）	1983年广州南越文王墓后藏室出土	广州市文物管理委员会、中国社会科学院考古研究所、广东省博物馆编著：《西汉南越王墓》，文物出版社1991年版	160
180	铜瓿	B29	西汉南越国（前203—前111年）	1983年广州南越文王墓东耳室出土	广州市文物管理委员会、中国社会科学院考古研究所、广东省博物馆编著：《西汉南越王墓》，文物出版社1991年版	161
181	铜釜、甑	G70	西汉南越国（前203—前111年）	1983年广州南越文王墓后藏室出土	广州市文物管理委员会、中国社会科学院考古研究所、广东省博物馆编著：《西汉南越王墓》，文物出版社1991年版	161
182	漆绘铜盆	M1:15	西汉南越国（前203—前111年）	1976年广西贵县（今贵港市）罗泊湾1号墓出土	广西壮族自治区博物馆编：《广西贵县罗泊湾汉墓》，文物出版社1988年版	162
183	铜烤炉	G40	西汉南越国（前203—前111年）	1983年广州南越文王墓后藏室出土	广州市文物管理委员会、中国社会科学院考古研究所、广东省博物馆编著：《西汉南越王墓》，文物出版社1991年版	164

（续上表）

序号	名称	文物号	年代	出土地点	资料来源	页码
184	铜烤炉	G41	西汉南越国（前203—前111年）	1983年广州南越文王墓后藏室出土	广州市文物管理委员会、中国社会科学院考古研究所、广东省博物馆编著：《西汉南越王墓》，文物出版社1991年版	165
185	蒜头扁壶	M1:17	西汉南越国（前203—前111年）	1976年广西贵县（今贵港市）罗泊湾1号墓出土	广西壮族自治区博物馆编：《广西贵县罗泊湾汉墓》，文物出版社1988年版	166
186	漆绘提梁铜筒	M1:42	西汉南越国（前203—前111年）	1976年广西贵县（今贵港市）罗泊湾1号墓出土	广西壮族自治区博物馆编：《广西贵县罗泊湾汉墓》，文物出版社1988年版	167
187	铜煎炉	G11	西汉南越国（前203—前111年）	1983年广州南越文王墓后藏室出土	广州市文物管理委员会、中国社会科学院考古研究所、广东省博物馆编著：《西汉南越王墓》，文物出版社1991年版	168
188	铜勺	C18	西汉南越国（前203—前111年）	1983年广州南越文王墓西耳室出土	广州市文物管理委员会、中国社会科学院考古研究所、广东省博物馆编著：《西汉南越王墓》，文物出版社1991年版	168
189	铜挂钩	C40	西汉南越国（前203—前111年）	1983年广州南越文王墓西耳室出土	广州市文物管理委员会、中国社会科学院考古研究所、广东省博物馆编著：《西汉南越王墓》，文物出版社1991年版	169
190	铜姜礤	G32-2	西汉南越国（前203—前111年）	1983年广州南越文王墓后藏室出土	广州市文物管理委员会、中国社会科学院考古研究所、广东省博物馆编著：《西汉南越王墓》，文物出版社1991年版	169
191	带托铜镜	C231	西汉南越国（前203—前111年）	1983年广州南越文王墓西耳室出土	广州市文物管理委员会、中国社会科学院考古研究所、广东省博物馆编著：《西汉南越王墓》，文物出版社1991年版	170
192	四山纹铜镜	B35	西汉南越国（前203—前111年）	1983年广州南越文王墓东耳室出土	广州市文物管理委员会、中国社会科学院考古研究所、广东省博物馆编著：《西汉南越王墓》，文物出版社1991年版	172
193	四山纹铜镜	M1:123	西汉南越国（前203—前111年）	1976年广西贵县（今贵港市）罗泊湾1号墓出土	广西壮族自治区博物馆编：《广西贵县罗泊湾汉墓》，文物出版社1988年版	173

序号	名称	文物号	年代	出土地点	资料来源	页码
194	六山纹铜镜	F32	西汉南越国 （前203—前111年）	1983年广州 南越文王墓 西侧室出土	广州市文物管理委员会、中国 社会科学院考古研究所、广东 省博物馆编著：《西汉南越王 墓》，文物出版社1991年版	174
195	"十"字形 龙凤纹铜镜	E101	西汉南越国 （前203—前111年）	1983年广州 南越文王墓 东侧室出土	广州市文物管理委员会、中国 社会科学院考古研究所、广东 省博物馆编著：《西汉南越王 墓》，文物出版社1991年版	175
196	彩绘陶鼎	E13	西汉南越国 （前203—前111年）	1983年广州 南越文王墓 东侧室出土	广州市文物管理委员会、中国 社会科学院考古研究所、广东 省博物馆编著：《西汉南越王 墓》，文物出版社1991年版	176
197	彩绘陶壶	E2	西汉南越国 （前203—前111年）	1983年广州 南越文王墓 东侧室出土	广州市文物管理委员会、中国 社会科学院考古研究所、广东 省博物馆编著：《西汉南越王 墓》，文物出版社1991年版	177
198	陶瓿	C44	西汉南越国 （前203—前111年）	1983年广州 南越文王墓 西耳室出土	广州市文物管理委员会、中国 社会科学院考古研究所、广东 省博物馆编著：《西汉南越王 墓》，文物出版社1991年版	178
199	陶提筒	C89	西汉南越国 （前203—前111年）	1983年广州 南越文王墓 西耳室出土	广州市文物管理委员会、中国 社会科学院考古研究所、广东 省博物馆编著：《西汉南越王 墓》，文物出版社1991年版	179
200	彩绘陶盒	B113	西汉南越国 （前203—前111年）	1983年广州 南越文王墓 东耳室出土	广州市文物管理委员会、中国 社会科学院考古研究所、广东 省博物馆编著：《西汉南越王 墓》，文物出版社1991年版	180
201	陶三足盒	E48	西汉南越国 （前203—前111年）	1983年广州 南越文王墓 东侧室出土	广州市文物管理委员会、中国 社会科学院考古研究所、广东 省博物馆编著：《西汉南越王 墓》，文物出版社1991年版	180
202	绳纹陶壶	96SDT13J3④:1	西汉南越国 （前203—前111年）	1996年广州南越国 宫署遗址出土	南越王宫博物馆编著：《南越国 宫署遗址：岭南两千年中心地》， 广东人民出版社2010年版	181
203	铜印花板模	C152-1、 C152-2	西汉南越国 （前203—前111年）	1983年广州 南越文王墓 西耳室出土	广州市文物管理委员会、中国 社会科学院考古研究所、广东 省博物馆编著：《西汉南越王 墓》，文物出版社1991年版	182

序号	名称	文物号	年代	出土地点	资料来源	页码
204	朱绢	C159	西汉南越国（前203—前111年）	1983年广州南越文王墓西耳室出土	广州市文物管理委员会、中国社会科学院考古研究所、广东省博物馆编著：《西汉南越王墓》，文物出版社1991年版	183
205	绣绢	C158	西汉南越国（前203—前111年）	1983年广州南越文王墓西耳室出土	广州市文物管理委员会、中国社会科学院考古研究所、广东省博物馆编著：《西汉南越王墓》，文物出版社1991年版	183
206	纺织工具		西汉南越国（前203—前111年）	1976年广西贵县（今贵港市）罗泊湾1号墓出土	广西壮族自治区博物馆编：《广西贵县罗泊湾汉墓》，文物出版社1988年版	184
207	漆奁	M1:290	西汉南越国（前203—前111年）	1976年广西贵县（今贵港市）罗泊湾1号墓出土	广西壮族自治区博物馆编：《广西贵县罗泊湾汉墓》，文物出版社1988年版	186
208	云纹漆盘	M1048:4	西汉南越国（前203—前111年）	广州先烈路黄花岗1048号墓出土	中国社会科学院考古研究所、广州市文物管理委员会、广州市博物馆编：《广州汉墓》，文物出版社1981年版	187
209	漆方盒	M1:596	西汉南越国（前203—前111年）	1976年广西贵县（今贵港市）罗泊湾1号墓出土	广西壮族自治区博物馆编：《广西贵县罗泊湾汉墓》，文物出版社1988年版	187
210	漆桶	M1:597	西汉南越国（前203—前111年）	1976年广西贵县（今贵港市）罗泊湾1号墓出土	广西壮族自治区博物馆编：《广西贵县罗泊湾汉墓》，文物出版社1988年版	188
211	透雕龙凤纹重环玉佩	D62	西汉南越国（前203—前111年）	1983年广州南越文王墓主棺室出土	广州市文物管理委员会、中国社会科学院考古研究所、广东省博物馆编著：《西汉南越王墓》，文物出版社1991年版	190
212	兽首衔璧玉佩	D156	西汉南越国（前203—前111年）	1983年广州南越文王墓主棺室出土	广州市文物管理委员会、中国社会科学院考古研究所、广东省博物馆编著：《西汉南越王墓》，文物出版社1991年版	191
213	凤纹牌形玉佩	D158	西汉南越国（前203—前111年）	1983年广州南越文王墓主棺室出土	广州市文物管理委员会、中国社会科学院考古研究所、广东省博物馆编著：《西汉南越王墓》，文物出版社1991年版	192

序号	名称	文物号	年代	出土地点	资料来源	页码
214	虎头金钩扣玉龙带钩	D93	西汉南越国（前203—前111年）	1983年广州南越文王墓主棺室出土	广州市文物管理委员会、中国社会科学院考古研究所、广东省博物馆编著：《西汉南越王墓》，文物出版社1991年版	193
215	玉盒	D46	西汉南越国（前203—前111年）	1983年广州南越文王墓主棺室出土	广州市文物管理委员会、中国社会科学院考古研究所、广东省博物馆编著：《西汉南越王墓》，文物出版社1991年版	194
216	铜承盘高足玉杯	D102	西汉南越国（前203—前111年）	1983年广州南越文王墓主棺室出土	广州市文物管理委员会、中国社会科学院考古研究所、广东省博物馆编著：《西汉南越王墓》，文物出版社1991年版	196
217	玉杯	M1:168	西汉南越国（前203—前111年）	1976年广西贵县（今贵港市）罗泊湾1号墓出土	广西壮族自治区博物馆编：《广西贵县罗泊湾汉墓》，文物出版社1988年版	198
218	玉角杯	D44	西汉南越国（前203—前111年）	1983年广州南越文王墓主棺室出土	广州市文物管理委员会、中国社会科学院考古研究所、广东省博物馆编著：《西汉南越王墓》，文物出版社1991年版	199
219	铜框玉盖杯	D47	西汉南越国（前203—前111年）	1983年广州南越文王墓主棺室出土	广州市文物管理委员会、中国社会科学院考古研究所、广东省博物馆编著：《西汉南越王墓》，文物出版社1991年版	200
220	鎏金铜框玉卮	F18	西汉南越国（前203—前111年）	1983年广州南越文王墓西侧室出土	广州市文物管理委员会、中国社会科学院考古研究所、广东省博物馆编著：《西汉南越王墓》，文物出版社1991年版	201
221	八节铁芯龙虎玉带钩	D152	西汉南越国（前203—前111年）	1983年广州南越文王墓主棺室出土	广州市文物管理委员会、中国社会科学院考古研究所、广东省博物馆编著：《西汉南越王墓》，文物出版社1991年版	202
222	龙虎并体玉带钩	D45	西汉南越国（前203—前111年）	1983年广州南越文王墓主棺室出土	广州市文物管理委员会、中国社会科学院考古研究所、广东省博物馆编著：《西汉南越王墓》，文物出版社1991年版	203
223	玉剑首	C147-9	西汉南越国（前203—前111年）	1983年广州南越文王墓西耳室出土	广州市文物管理委员会、中国社会科学院考古研究所、广东省博物馆编著：《西汉南越王墓》，文物出版社1991年版	205

（续上表）

序号	名称	文物号	年代	出土地点	资料来源	页码
224	玉剑格	C147-2	西汉南越国（前203—前111年）	1983年广州南越文王墓西耳室出土	广州市文物管理委员会、中国社会科学院考古研究所、广东省博物馆编著：《西汉南越王墓》，文物出版社1991年版	205
225	玉剑璏	C147-3	西汉南越国（前203—前111年）	1983年广州南越文王墓西耳室出土	广州市文物管理委员会、中国社会科学院考古研究所、广东省博物馆编著：《西汉南越王墓》，文物出版社1991年版	206
226	玉剑珌	C147-12	西汉南越国（前203—前111年）	1983年广州南越文王墓西耳室出土	广州市文物管理委员会、中国社会科学院考古研究所、广东省博物馆编著：《西汉南越王墓》，文物出版社1991年版	206
227	玉舞人	C137	西汉南越国（前203—前111年）	1983年广州南越文王墓西耳室出土	广州市文物管理委员会、中国社会科学院考古研究所、广东省博物馆编著：《西汉南越王墓》，文物出版社1991年版	207
228	玉舞人	E135	西汉南越国（前203—前111年）	1983年广州南越文王墓东侧室出土	广州市文物管理委员会、中国社会科学院考古研究所、广东省博物馆编著：《西汉南越王墓》，文物出版社1991年版	208
229	玉舞人	E125	西汉南越国（前203—前111年）	1983年广州南越文王墓东侧室出土	广州市文物管理委员会、中国社会科学院考古研究所、广东省博物馆编著：《西汉南越王墓》，文物出版社1991年版	209
230	玉舞人	C259	西汉南越国（前203—前111年）	1983年广州南越文王墓西耳室出土	广州市文物管理委员会、中国社会科学院考古研究所、广东省博物馆编著：《西汉南越王墓》，文物出版社1991年版	209
231	玉璧	D155	西汉南越国（前203—前111年）	1983年广州南越文王墓主棺室出土	广州市文物管理委员会、中国社会科学院考古研究所、广东省博物馆编著：《西汉南越王墓》，文物出版社1991年版	210
232	双身龙纹玉璧	D49	西汉南越国（前203—前111年）	1983年广州南越文王墓主棺室出土	广州市文物管理委员会、中国社会科学院考古研究所、广东省博物馆编著：《西汉南越王墓》，文物出版社1991年版	211
233	双连玉璧	D186	西汉南越国（前203—前111年）	1983年广州南越文王墓主棺室出土	广州市文物管理委员会、中国社会科学院考古研究所、广东省博物馆编著：《西汉南越王墓》，文物出版社1991年版	212
234	连体双龙佩	E143-9	西汉南越国（前203—前111年）	1983年广州南越文王墓东侧室出土	广州市文物管理委员会、中国社会科学院考古研究所、广东省博物馆编著：《西汉南越王墓》，文物出版社1991年版	213

（续上表）

序号	名称	文物号	年代	出土地点	资料来源	页码
235	玻璃牌饰	C177-2	西汉南越国（前203—前111年）	1983年广州南越文王墓西耳室出土	广州市文物管理委员会、中国社会科学院考古研究所、广东省博物馆编著：《西汉南越王墓》，文物出版社1991年版	214
236	玻璃璧	C191	西汉南越国（前203—前111年）	1983年广州南越文王墓西耳室出土	广州市文物管理委员会、中国社会科学院考古研究所、广东省博物馆编著：《西汉南越王墓》，文物出版社1991年版	215
237	漆杯金座足	C136	西汉南越国（前203—前111年）	1983年广州南越文王墓西耳室出土	广州市文物管理委员会、中国社会科学院考古研究所、广东省博物馆编著：《西汉南越王墓》，文物出版社1991年版	216
238	雁形金带钩	C102	西汉南越国（前203—前111年）	1983年广州南越文王墓西耳室出土	广州市文物管理委员会、中国社会科学院考古研究所、广东省博物馆编著：《西汉南越王墓》，文物出版社1991年版	217
239	金饰片	B32	西汉南越国（前203—前111年）	1983年广州南越文王墓东耳室出土	广州市文物管理委员会、中国社会科学院考古研究所、广东省博物馆编著：《西汉南越王墓》，文物出版社1991年版	217
240	鎏金龙龟纹铜牌饰	D165	西汉南越国（前203—前111年）	1983年广州南越文王墓主棺室出土	广州市文物管理委员会、中国社会科学院考古研究所、广东省博物馆编著：《西汉南越王墓》，文物出版社1991年版	218
241	鎏金双羊纹铜牌饰	E22	西汉南越国（前203—前111年）	1983年广州南越文王墓东侧室出土	广州市文物管理委员会、中国社会科学院考古研究所、广东省博物馆编著：《西汉南越王墓》，文物出版社1991年版	218
242	杏形金叶	D160	西汉南越国（前203—前111年）	1983年广州南越文王墓主棺室出土	广州市文物管理委员会、中国社会科学院考古研究所、广东省博物馆编著：《西汉南越王墓》，文物出版社1991年版	219
243	金幎目	1650	西汉南越国（前203—前111年）	1986年广西贺州铺门汉墓出土	陶红云、胡庆生：《贺州铺门高寨古城址初探》，载广西壮族自治区博物馆编：《广西博物馆文集》（第十二辑），广西人民出版社2015年版	219
244	铜当卢	C251-5	西汉南越国（前203—前111年）	1983年广州南越文王墓西耳室出土	广州市文物管理委员会、中国社会科学院考古研究所、广东省博物馆编著：《西汉南越王墓》，文物出版社1991年版	220
245	扣金玉环	1651	西汉南越国（前203—前111年）	2000年广西贺州铺门汉墓出土	陶红云、胡庆生：《贺州铺门高寨古城址初探》，载广西壮族自治区博物馆编：《广西博物馆文集》（第十二辑），广西人民出版社2015年版	221

（续上表）

序号	名称	文物号	年代	出土地点	资料来源	页码
246	金羊	D199	西汉南越国 （前203—前111年）	1983年广州 南越文王墓 主棺室出土	广州市文物管理委员会、中国 社会科学院考古研究所、广东 省博物馆编著：《西汉南越王 墓》，文物出版社1991年版	221
247	金釦象牙卮 （复制件）	C151-3	西汉南越国 （前203—前111年）	1983年广州 南越文王墓 西耳室出土	广州市文物管理委员会、中国 社会科学院考古研究所、广东 省博物馆编著：《西汉南越王 墓》，文物出版社1991年版	222
248	错银铜伞柄箍	C230	西汉南越国 （前203—前111年）	1983年广州 南越文王墓 西耳室出土	广州市文物管理委员会、中国 社会科学院考古研究所、广东 省博物馆编著：《西汉南越王 墓》，文物出版社1991年版	223
249	镶嵌绿松石 铜带钩	D153	西汉南越国 （前203—前111年）	1983年广州 南越文王墓 主棺室出土	广州市文物管理委员会、中国 社会科学院考古研究所、广东 省博物馆编著：《西汉南越王 墓》，文物出版社1991年版	224
250	镶嵌绿松石 银带钩	D150	西汉南越国 （前203—前111年）	1983年广州 南越文王墓 主棺室出土	广州市文物管理委员会、中国 社会科学院考古研究所、广东 省博物馆编著：《西汉南越王 墓》，文物出版社1991年版	225
251	"大鸡官奴坚 当答一百" 木简	简004	西汉南越国 （前203—前111年）	2004年广州南越国 宫署遗址出土	广州市文物考古研究院、中国 社会科学院考古研究所、南越 王博物院编著：《南越木简》， 文物出版社2022年版	228
252	"右夫人玺" 金印	E90	西汉南越国 （前203—前111年）	1983年广州 南越文王墓 东侧室出土	广州市文物管理委员会、中国 社会科学院考古研究所、广东 省博物馆编著：《西汉南越王 墓》，文物出版社1991年版	229
253	"赵蓝" 象牙印	E141	西汉南越国 （前203—前111年）	1983年广州 南越文王墓 东侧室出土	广州市文物管理委员会、中国 社会科学院考古研究所、广东 省博物馆编著：《西汉南越王 墓》，文物出版社1991年版	229
254	提梁铜提筒	C61	西汉南越国 （前203—前111年）	1983年广州 南越文王墓 西耳室出土	广州市文物管理委员会、中国 社会科学院考古研究所、广东 省博物馆编著：《西汉南越王 墓》，文物出版社1991年版	230
255	铜桶	M1:1	西汉南越国 （前203—前111年）	1976年广西贵县（今 贵港市）罗泊湾1号 墓出土	广西壮族自治区博物馆编：《广 西贵县罗泊湾汉墓》，文物出 版社1988年版	230
256	夔纹铜盖鼎	M22:14	西汉南越国 （前203—前111年）	1974年广西平乐 银山岭22号墓 出土	广西壮族自治区文物工作队： 《平乐银山岭战国墓》，《考古 学报》1978年第2期	231

（续上表）

序号	名称	文物号	年代	出土地点	资料来源	页码
278	青釉筒瓦	95T4PC:7	西汉南越国（前203—前111年）	1995年广州南越国宫署遗址出土	南越王宫博物馆筹建处、广州市文物考古研究所编著：《南越宫苑遗址》，文物出版社2008年版	256
279	珠饰	2000BHM21:065、068、072	西汉南越国（前203—前111年）	2000年广州恒福路银行疗养院21号墓出土	广州市文物考古研究院编著：《广州出土汉代珠饰》，科学出版社2020年版	257
280	蜻蜓眼玻璃珠	C138	西汉南越国（前203—前111年）	1983年广州南越文王墓西耳室出土	广州市文物管理委员会、中国社会科学院考古研究所、广东省博物馆编著：《西汉南越王墓》，文物出版社1991年版	257
281	玻璃珠	1214	西汉南越国（前203—前111年）	1975年广西贺州铺门汉墓出土		258
282	玛瑙珠	2284	西汉南越国（前203—前111年）	1975年广西贺州铺门汉墓出土		258
283	玻璃串珠	1215	西汉南越国（前203—前111年）	1975年广西贺州铺门汉墓出土		259
284	玻璃珠	1214	西汉南越国（前203—前111年）	1975年广西贺州铺门汉墓出土		260
285	玻璃串珠	1215	西汉南越国（前203—前111年）	1975年广西贺州铺门汉墓出土		260
286	玻璃串珠	1215	西汉南越国（前203—前111年）	1975年广西贺州铺门汉墓出土		261
287	玻璃串珠	1215	西汉南越国（前203—前111年）	1975年广西贺州铺门汉墓出土		261

（续上表）

序号	名称	文物号	年代	出土地点	资料来源	页码
288	玛瑙珠	1213	西汉南越国 （前203—前111年）	1975年广西贺州 铺门汉墓出土		262
289	玛瑙珠	1214	西汉南越国 （前203—前111年）	1975年广西贺州 铺门汉墓出土		262
290	玛瑙珠	1214	西汉南越国 （前203—前111年）	1975年广西贺州 铺门汉墓出土		262
291	玛瑙珠	1214	西汉南越国 （前203—前111年）	1975年广西贺州 铺门汉墓出土		262
292	焊珠金花泡	D138、E151	西汉南越国 （前203—前111年）	1983年广州 南越文王墓 主棺室、东侧室 出土	广州市文物管理委员会、中国 社会科学院考古研究所、广东 省博物馆编著：《西汉南越王 墓》，文物出版社1991年版	263
293	银盒	D2	西汉南越国 （前203—前111年）	1983年广州 南越文王墓 主棺室出土	广州市文物管理委员会、中国 社会科学院考古研究所、广东 省博物馆编著：《西汉南越王 墓》，文物出版社1991年版	265
294	陶船模型 （复原件）	M5080:127	东汉 （25—220年）	1955年广州沙河顶 5080号墓出土	中国社会科学院考古研究所、 广州市文物管理委员会、广州 市博物馆编：《广州汉墓》，文 物出版社1981年版	269
295	"万岁"瓦当	97T25⑧a:3	东汉 （25—220年）	1997年广州南越国 宫署遗址出土	南越王宫博物馆筹建处、广州 市文物考古研究所编著：《南越 宫苑遗址》，文物出版社2008 年版	270
296	"万岁"瓦当	97T16⑨a:36	东汉 （25—220年）	1997年广州南越国 宫署遗址出土	南越王宫博物馆筹建处、广州 市文物考古研究所编著：《南越 宫苑遗址》，文物出版社2008 年版	270
297	"万岁"瓦当	97T21⑧a:1	东汉 （25—220年）	1997年广州南越国 宫署遗址出土	南越王宫博物馆筹建处、广州 市文物考古研究所编著：《南越 宫苑遗址》，文物出版社2008 年版	271

（续上表）

序号	名称	文物号	年代	出土地点	资料来源	页码
298	"万岁"瓦当	97T14⑧a:2	东汉（25—220年）	1997年广州南越国宫署遗址出土	南越王宫博物馆筹建处、广州市文物考古研究所编著：《南越宫苑遗址》，文物出版社2008年版	271
299	云纹瓦当	97T15⑧a:18	东汉（25—220年）	1997年广州南越国宫署遗址出土	南越王宫博物馆筹建处、广州市文物考古研究所编著：《南越宫苑遗址》，文物出版社2008年版	272
300	云纹瓦当	97T15⑧a:19	东汉（25—220年）	1997年广州南越国宫署遗址出土	南越王宫博物馆筹建处、广州市文物考古研究所编著：《南越宫苑遗址》，文物出版社2008年版	272
301	绳纹筒瓦	95T12⑤a:2	东汉（25—220年）	1995年广州南越国宫署遗址出土	南越王宫博物馆筹建处、广州市文物考古研究所编著：《南越宫苑遗址》，文物出版社2008年版	273
302	印花长方砖	97T30⑧a:3	东汉（25—220年）	1997年广州南越国宫署遗址出土	南越王宫博物馆筹建处、广州市文物考古研究所编著：《南越宫苑遗址》，文物出版社2008年版	273
303	陶屋模型	97T17H168:7	东汉（25—220年）	1997年广州南越国宫署遗址出土	南越王宫博物馆筹建处、广州市文物考古研究所编著：《南越宫苑遗址》，文物出版社2008年版	274
304	鹿角打水挂钩	2006 T1905J379:2	东汉（25—220年）	2006年广州南越国宫署遗址出土	南越王宫博物馆编著：《南越国宫署遗址：岭南两千年中心地》，广东人民出版社2010年版	275
305	陶井模型	95T2⑤a:34	东汉（25—220年）	1995年广州南越国宫署遗址出土	南越王宫博物馆筹建处、广州市文物考古研究所编著：《南越宫苑遗址》，文物出版社2008年版	275
306	"五铢"铜钱	97T9H26:25	汉（前202—220年）	1997年广州南越国宫署遗址出土	南越王宫博物馆筹建处、广州市文物考古研究所编著：《南越宫苑遗址》，文物出版社2008年版	276
307	"五铢"铜钱	97T9H26:28	汉（前202—220年）	1997年广州南越国宫署遗址出土	南越王宫博物馆筹建处、广州市文物考古研究所编著：《南越宫苑遗址》，文物出版社2008年版	276

序号	名称	文物号	年代	出土地点	资料来源	页码
308	"五铢"铜钱	97T9H26:29	汉（前202—220年）	1997年广州南越国宫署遗址出土	南越王宫博物馆筹建处、广州市文物考古研究所编著：《南越宫苑遗址》，文物出版社2008年版	276
309	"五铢"铜钱	97T11⑥b:4	汉（前202—220年）	1997年广州南越国宫署遗址出土	南越王宫博物馆筹建处、广州市文物考古研究所编著：《南越宫苑遗址》，文物出版社2008年版	277
310	"五铢"铜钱	97T11⑥b:5	汉（前202—220年）	1997年广州南越国宫署遗址出土	南越王宫博物馆筹建处、广州市文物考古研究所编著：《南越宫苑遗址》，文物出版社2008年版	277
311	新莽"货泉"铜钱	97T19⑥b:7	新莽（9—23年）	1997年广州南越国宫署遗址出土	南越王宫博物馆筹建处、广州市文物考古研究所编著：《南越宫苑遗址》，文物出版社2008年版	278
312	新莽"货泉"铜钱	97T20⑧b:14	新莽（9—23年）	1997年广州南越国宫署遗址出土	南越王宫博物馆筹建处、广州市文物考古研究所编著：《南越宫苑遗址》，文物出版社2008年版	278
313	新莽"货泉"铜钱	97T23⑧b:1	新莽（9—23年）	1997年广州南越国宫署遗址出土	南越王宫博物馆筹建处、广州市文物考古研究所编著：《南越宫苑遗址》，文物出版社2008年版	278
314	新莽"货泉"铜钱	97T46⑦:4	新莽（9—23年）	1997年广州南越国宫署遗址出土	南越王宫博物馆筹建处、广州市文物考古研究所编著：《南越宫苑遗址》，文物出版社2008年版	278
315	新莽"大泉五十"铜钱	97T19⑥b:8	新莽（9—23年）	1997年广州南越国宫署遗址出土	南越王宫博物馆筹建处、广州市文物考古研究所编著：《南越宫苑遗址》，文物出版社2008年版	279
316	新莽"大泉五十"铜钱	97T19①:2	新莽（9—23年）	1997年广州南越国宫署遗址出土	南越王宫博物馆筹建处、广州市文物考古研究所编著：《南越宫苑遗址》，文物出版社2008年版	279
317	新莽"大泉五十"铜钱	97T24⑦:4	新莽（9—23年）	1997年广州南越国宫署遗址出土	南越王宫博物馆筹建处、广州市文物考古研究所编著：《南越宫苑遗址》，文物出版社2008年版	279

后　记

　　这是一本以"秦汉南疆——南越国历史专题陈列"展览为蓝本、基于西汉南越国历史研究的图录。

　　在中国历史上第一个大一统的秦汉时期，以广州（古称蕃禺）为都城建立的西汉南越国，是岭南建立的第一个地方政权。西汉南越国的历史，折射了岭南文化融入璀璨恢宏的中华文化的渐进过程，展示出区域文化性格形成发展、多元一体的中华文明和统一的多民族国家发展、形成的重要过程。作为粤港澳大湾区区域发展的核心引擎、国家中心城市与国际综合交通枢纽城市的广州，是秦汉大一统背景下区域跨越式大发展的自然延续。南越王博物院（西汉南越国史研究中心）在合并建院后，秉持以研带展、以展促研的宗旨，通过整合博物院的优势资源，着力打造岭南文化、广州城建文化和海上丝绸之路文化等品牌，在南越文王墓发掘四十周年之际推出建院之后第一个基本陈列"秦汉南疆——南越国历史专题陈列"。本图录在展览大纲的基础上，将广东和广西地区丰硕的秦汉考古成果和最新的研究成果进一步整合，力求较为系统全面、形象生动地展示西汉南越国那段波澜壮阔的历史。

　　在图录出版之际，我们谨向所有参与、帮助、关心和支持展览筹备和图录编辑的领导、专家、学者和同仁致以诚挚的感谢！展览大纲的撰写得到了多位专家、学者的关心与指导，研究员、广州市政府参事、原广州市文物考古队队长黄淼章，南越王博物院（西汉南越国史研究中心）研究馆员陈伟汉，广州市文物考古研究院（南汉二陵博物馆）研究馆员全洪，广东革命历史博物馆研究馆员易西兵，中山大学社会学与人类学学院教授、博士生导师、副院长郑君雷，广东民间工艺博物馆研究馆员黄海妍，广西文物保护与考古研究所研究馆员李珍等提出了宝贵的意见与建议。文物展品方面，感谢上海博物馆和广西贺州市博物馆的鼎力支持。图录编辑过程中，感谢广州博物馆、广州市文物考古研究院（南汉二陵博物馆）、广西壮族自治区博物馆、上海博物馆、广西贺州市博物馆在文物图片上的大力支持，感谢广州市文物考古研究院（南汉二陵博物馆）副研究馆员莫慧旋在编辑南越木简部分给予的无私帮助。展览筹备工作的圆满完成与图录的顺利出版，更是离不开在博物院领导统筹和协调下各部门的通力合作。

　　囿于学识水平，图录中错漏之处在所难免，祈请各位专家、学者和读者批评指正。

编　者

癸卯年岁末

317

"秦汉南疆——南越国历史专题陈列"展览策划实施

■ 展览团队

总策划：李民涌

专家指导：黄淼章　陈伟汉　全　洪　易西兵　郑君雷　黄海妍

策划及项目主持：李民涌　李灶新

项目协调：侯方韵　李灶新　魏文涛　王维一

项目执行：李秋晨　史明立　章　昀　胡在强　蔡淑蓉　裴　欣
　　　　　张　越　霍雨丰　何少伟　乔　娇　施　梵　罗　欢
　　　　　贾军仕

大纲撰写：李秋晨

英文翻译：章　昀　乔　娇　欧洁玲

形式设计：裴　欣

专题视频：施　梵

藏品支持：何东红　刘业沣　温敬伟　叶丹洋　崔亚平

文物摄影：何东红　袁春霞　何民本　麦穗丰　霍雨丰

资料协助：霍雨丰　刘思漫

点交及布撤展：

陈列展览部：李秋晨　史明立　张　越　胡在强　裴　欣　霍雨丰
　　　　　　何少伟　乔　娇　施　梵　罗　欢　贾军仕

藏品部：何东红　范彬彬　黄明乐　石蕴慈　向晋艳　史林花
　　　　李光辉　崔亚平

考古部：刘业沣　吕月明　王志华　蔡　君　乐新珍

■ 宣传推广

宣传负责：吴丹微

宣传策划：胡田甜　　黄巧好

展览简介：胡田甜

媒体宣传：黄巧好　　胡田甜

宣传片：黄巧好　　简奕臻

■ 公共服务及教育推广

总策划：李京花　　李　妍

讲解：黄子立　　潘思含　　王　鹏　　张元龙　　何丽霏　　黄诗颖

　　　雷唐瑶　　洪海玲　　刘紫琪　　蔡怡琛

儿童教育手册：谭艾铭　　张元龙

主题研学活动：张元龙　　洪海玲　　王　鹏　　雷唐瑶

手工教育活动：何剑仪　　黄诗颖　　谭艾铭

儿童有声情景剧《宝图里的南越国》：张元龙

■ 保障服务

行政支持：侯方韵　　魏文涛

展厅灯光：李碧燕　　李旭明

安全保卫：梁燕兰　　钟振维　　王　睿

后勤保障：黄丽萍

人力保障：王　薇